失敗から見えた投資哲学

バフェットの非常識な株主総会

The Truth of Buffett's Life and Investment Philosophy

尾藤峰男

ビジネス社

はじめに

私は、今年も世界最高の投資家といわれるウォーレン・バフェット率いるバークシャー・ハサウェイの株主総会に参加してきた。今年で4年連続となる。

この日、アメリカ・ネブラスカ州オマハには、全米のみならず、世界中から4万人もの人たちが集まる。なぜこれだけの人数が集まるのか。

それは、これまで50年以上にわたり、驚異的な投資パフォーマンスを上げ続けるバフェットやパートナーのマンガーから、真の投資とは何か、いかにしたら本当の投資ができるのかを学びたいためだ。

私自身の話をすると、金融商品の手数料によらず、投資助言料のみを収入として、個人に対して資産運用のアドバイスを提供している。特に得意としているのが、米国株、国際分散投資である。この投資助言業を始めて17年以上がたつ。

私がバフェットに興味を持ち始めたのは、今から20年以上も前のことだ。以来、バークシャー・ハサウェイの年次レポートにバフェットが書く「株主への手紙」やバフェットの関連書籍、バフェットが啓発を受けた書籍などを軒並み読み込んできた。また、インターネット上にあるバフェットのインタビューや講演録、ニュースを頻繁にチェックしている。
それらに接するにつけ感じるのは、無尽蔵とも思えるバフェットの知恵や見識である。そしてそれらは、87歳になってますます広く深くなっている。

本書は、どうしたら本当の株式投資というものを実践できるのか、富を築き上げるのに最適な方法とはどういうものかを知りたい人に贈る。
世の中はさまざまな情報であふれ、真に役に立つ情報を自らの目で見つけ出すのは、大変難しくなっている。読者の皆さんが、本書をきっかけに株式投資、資産運用の成功の道を歩まれることを願ってやまない。

本書の構成は、以下のようになっている。
序　章　バークシャー・ハサウェイ株主総会の模様、4万人もの人が集まる理由、バフェットとマンガーの人物像について説明する。
第一章　バークシャー・ハサウェイの驚異的な投資パフォーマンスやバフェットの伝説的エピソードを紹介する。
第二章　バフェットの投資の根幹をなす哲学、経営者としてのバフェット、投資の失敗事例などについて説明する。

第三章　バフェットの投資哲学がどのように作られてきたか、そして、その変化について説明する。

第四章　具体的な事例からバフェットの投資哲学を見ていく。また、日本の銘柄をバフェットの視点で分析する。

第五章　我々はバフェットになれるのかを掘り下げる。

第六章　投資を超えて学べる哲学を、バフェット一個人から学ぶ。

【参考情報】　バフェットのさまざまな視点、2017年株主総会の主要Q＆A、バークシャー・ハサウェイのオーナーズ・マニュアル（株主の手引き）、バフェットを参考にした筆者の投資アドバイス実績、バフェット自身やバフェットが啓発を受けた人物の名言集を載せている。

2017年10月

資産運用アドバイザー・バークシャー・ハサウェイ株主　尾藤峰男

第二章　ウォーレン・バフェットの投資とは

第四章　事例で見るバフェットの投資哲学

第五章　我々はバフェットになれるのか

第六章　投資を超えたバフェットの哲学

【参考情報】

序章

世界中の投資家が注目する株主総会

1 アメリカの田舎町に世界中の投資家が駆けつける日

アメリカ中西部の州、ネブラスカ州オマハに、毎年4月1日以降の5番目の土曜日に、世界中から約4万人もの人々が集まる。

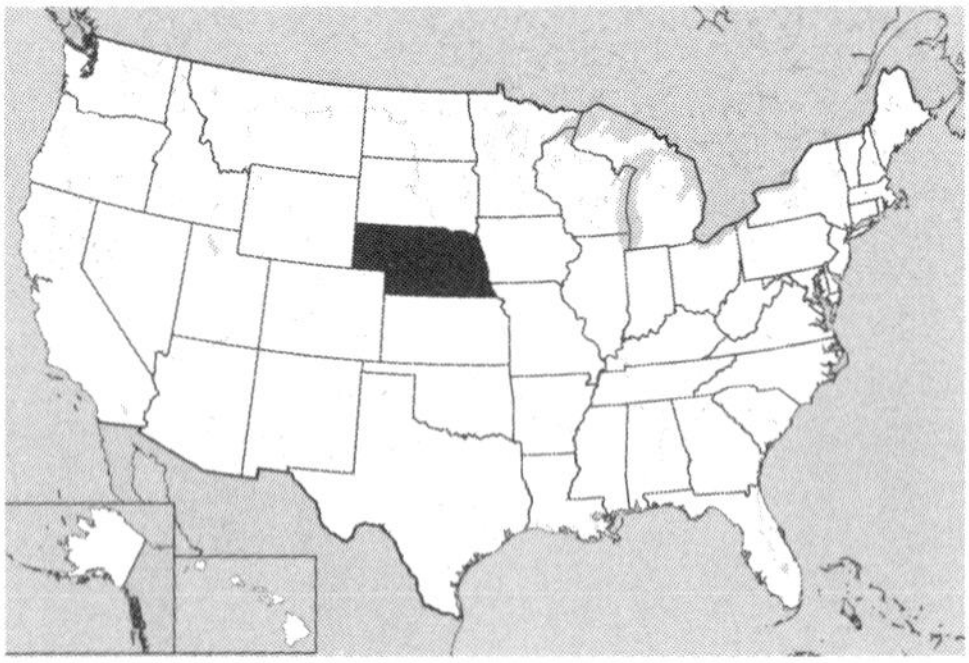

ネブラスカ州の位置

人口44万人の小都市に、一年で一番人が集まるときだ。主な産業がとうもろこしと牛の農牧業の州に、なぜ、これほどの人が集うのか。

それは、投資の神様、ウォーレン・バフェットに直に接し、株主からの質問に対する、バフェットと彼の右腕といわれるパートナーのチャーリー・マンガーの答えを聞きたいからだ。

この株主総会の開催日が近づくと、マスコミが騒ぎ出す。今年は、バフェットが株主総会でどんな話をするのか、この一年の投資についてバフェットはどう答えるのか、トランプ政権についてどんなコメントをするのか、全世界が注目しているのだ。

2016年から、ヤフー・ファイナンスによるオンライン配信が始まった。これにより、世界中の人が、ライブで株主総会の模様を視聴できるようになった。バフェットによれば、2016年の総会は110万人がライブで、1150万人がリプレーで視聴したという。

バークシャーの株主総会は、日本企業の株主総会とはまったく中身が異なる。株主に対するもてなしがまったく違うのだ。バークシャーの株主総会は、バフェットがいかに株主のことを大切に思っているかが、はっきりと感じ取れる総会なのだ。

ほとんどの日本企業の株主総会は、会社提案の議案が通ればよく、あとは滞りなく終わらせたい、株主からの質問には型にはまった回答というのがお決まりだ。そのため、総会が終わっても、株主は少しも満たされないまま帰路につくことがほとんどだろう。

ところが、バークシャーの株主総会は、朝7時の総会会場のオープンから午後4時半の閉会まで、実に9時間半の長丁場だが、終わるとほっとすると同時に、「あー、来てよかった」と大きな充足感に包まれるのだ。

2017年のバークシャー・ハサウェイ株主総会は、バフェットが支配権を握ってから、52回めの株主総会だ。今では4万人も集まるが、初めにカフェテリアで開いた総会には、たったの12人しか参加しなかったという。しかも外部の株主は2人だけで、あとはみな身内か友人だったそうだ。

バフェットは、バークシャーの株主を心の底から大切にしていて、株主をパートナーと位置づける。バークシャーの株式は、最初から分割していないA株と、A株の1／1500の株主権を有するB株がある。

1962年にバフェットがバークシャー株を7・6ドルで買い始めてから、その後、分割されないまま来ているA株は、今では1株28万ドル程度と大変高額だ。一方、B株は1株180ドル程度なので、普通の人でも購入できる。株主総会には、B株1株だけで出席する人もたくさんいるが、バフェットはB株1株しか持たない株主も、A株をたくさん持っている株主も、同じように大切な株主だと語っている。

バフェットは、バークシャーの株主総会を「投資家のウッドストック*」と呼ぶ。その株主総会で、少しでもよい席を確保しようと、一番早い人は前日から開場するのを待っているのだ。

＊1969年8月にアメリカで開かれた、ロックを中心とした大規模な野外コンサートのウッドストック・フェスティバルにたとえた。

4万人も集まるものの、総会が行われる会場には実際1万8000人しか入れない。入れなかった人たちは、特設会場でスクリーン映像を見ることになる。今年のウォール・ストリート・ジャーナルには、バフェットの株主総会でよい席を確保するノウハウまで紹介されていた。それだけ間近で話を聞きたいという株主が多いのだ。

広大なホールでは、バークシャーの傘下企業の展示ブースが軒を連ねる。食品大手のクラフト・ハインツ、家具大手のネブラスカ・ファーニチャー・マート、高級宝石店のボーシャイム、大手チョコレートメーカーのシーズキャンディ、アイス・キャンディーチェーンのデイリークイーン、スポーツ用品メーカーのブルックス、下着・日用衣料チェーンのフルーツ・オブ・ザ・ルーム、靴メーカーのH．H．ブラウン、全米有数の自動車保険ガイコなどが、自社の商品を株主ディスカウントで提供する。

朝4時に開場を待つ入り口の様子

また傘下企業のブースでは、プライベートジェットや航空機エンジン、器械部品、産業器械などが展示され、北米最大手のＢＮＳＦ（バーリントン・ノーザン・サンタフェ鉄道）の鉄道ジオラマが例年通り、その存在感をアピールし、バークシャー傘下企業の多彩さを改めて実感する。

バフェットが少年時代に新聞配達をやっていたことにちなんで、バフェット発案の新聞投げゲームもおなじみだ。これは、

バフェットが「投資家のウッドストック」という会場の様子

住宅の玄関からどれだけ近くに新聞を投げられるかを競うゲームで、子供から大人まで参加し、実際にバフェットも参加し、競い合う。この新聞投げゲームに使われるモデル住宅も、全米一の住宅メーカー、クレイトン・ホームズが設置したものだ。

マイクロソフト創業者のビル・ゲイツも、毎年この新聞投げに登場する。ビル・ゲイツはバークシャーの取締役であり、バフェットは自分の資産のほとんどを世界最大の慈善財団、ビル&メリンダ・ゲイツ財団に寄付するという間柄である。

世界の富豪トップ5位以内にいる2人が目の前にいる現実に、改めて驚嘆する。

この展示ブースに来ることは、株主の大きな楽しみだ。会場は人でごった返し、たくさんの購入品を抱え、会計には長蛇の列ができる。

ここに来る人たちの表情を見ていると、ある共通することに気がつく。それは皆、満ち足りた表情をしていることだ。

また、総会に来る人たちの年齢層は高齢者から幼児までと幅広い。そして、家族連れも多い。なぜなら、株主でなくても入場できるからだ。

株主1人に対して、4人分の総会参加証をもらえる。夫婦で株主なら、最大8人連れてこられる。そのため、家族全員で来たり、友達も一緒に来たりして、一般の株主総会と違い、大変和やかな雰囲気が会場内に漂っている。

この株主総会全体の和やかな雰囲気が意味することは、実に深い。私は、バフェットの思想や哲学が来場者によい影響を及ぼしているのではないかと考えている。

新聞投げの準備をするバフェット

バークシャーの取締役のビル・ゲイツも参加する

展示会場は、買い物に忙しい株主でごった返す

株主総会前後のスケジュールを紹介しておこう。

バークシャーの株主総会前後は、いわばフェスティバルのような要素が多い。地元傘下企業のネブラスカ・ファーニチャー・マートやボーシャイムでは株主割引があるショッピング・セール、数千人の株主が参加するオマハ5㎞ラン、大テントや出店ブースでは大変な混雑となるカクテルレセプションが催される。

株主総会当日は、チアリーダーも登場してファンファーレとともに、8時半から1時間ほどのコーポレート・ビデオが放映される。

冒頭、映像の中でバフェットが挨拶するが、ユーモアにあふれ、見ていてわくわくする場面の連続なのだ。私がこれまでに見た4回ほどのバークシャーの株主総会のビデオでは、バフェットがポール・アンカとともにマイウェイをデュエットしたり、ボクシングのメイウェザーと（模擬）対戦したり、全米腕相撲チャンピオンと対決したりした。アーノルド・シュワルツェネッガーがターミネーターで登場したこともあった。

いずれも、バフェットを尊敬する面々だ。もちろん、バークシャー傘下企業の紹介が主だが、それらも大変ユーモアにあふれ、わかりやすく説明されていて、1時間の放映時間があっという間に過ぎてしまう。

2017年株主総会スケジュール

■ 5/5（金）　株主ショッピングデー、カクテルレセプション

■ 5/6（土）　株主総会
7：00　開場
7：45　新聞投げイベント、展示ブース即売会
8：30〜09：30　コーポレートビデオ上映
9：30〜12：00　株主Q&A
12：00〜13：00　休憩
13：00〜15：30　株主Q&A
15：45〜16：00　株主総会議案決議

■ 5/7（日）　バークシャー・ハサウェイ5kmラン
株主ショッピングデー

さて、いよいよ9時半から「株主Q&A」となる。

このときのために、世界中から多くの株主が足を運んでいるといっても過言ではないメインイベントだ。

株主Q&Aは、9時半から12時までの2時間半、昼の1時間の休憩を挟み、13時から15時半までの2時間半の、合計5時間に及ぶ長丁場だ。

この間、ひな壇には、バフェットとバークシャーの副会長で60年来のパートナーであるマンガーがずっと座っている。

そして、3つのルートで質問が出される。

1つはニューヨーク・タイムズの記者、CNBCのキャスター、そして、バフェットの長年の友人でもあるフォーチュンの元コラムニストが、事前に寄せられた質問から選んだもの、2つめはモーニングスターなどの3人のアナリストが出す質問、3つめ

ひな壇のバフェット（左）とマンガー

は会場の株主から抽選で選ばれた人がする質問である。それぞれ18の質問を受け付け、その後は、会場の株主だけから質問を受ける。60を超える質問に答えるときもある。そして、それらの質問は、事前に2人にはまったく見せられていないのだ。

87歳のバフェットと93歳のマンガーが、ぶっつけ本番で次から次へとポイントを外さずに答える様には、驚きしかない。どの質問にも、ときにユーモアを交え、またかみ砕くように丁寧に答える。決してはぐらかしたり逃げたりするような答え方はしない。その1つ1つが、これまでの経験や知識、知恵、人格に裏づけられた、大変示唆に富む回答なのだ。

その質問の内容は、多岐にわたる。

最近の投資銘柄や投資判断から、生き方、日々の過ごし方、自己研鑽の方法、健康管理、フィランソロフィー（慈善活動）、人材の多様性への対処、環境問題、バークシャー傘下企業の社会的責任、政治と投資の捉え方、ＦＲＢの金融政策と投資の関連性など、実に幅広い。こうした質問への答えに、参加者たちは聞き入っている。そして、2人が発する回答が、実に奥深い。長年絶えざる自己研鑽を積み、正しい道を歩んできた両巨頭から出てくる言葉は、真理をついている。ぐっと心に響いてくるのだ。

2017年の株主総会での主なQ&Aは、第六章の【参考情報】に記してある。いずれも、大変示唆に富む内容なので、ぜひ参考にしてほしい。

2　規格外のスケールのバークシャー・ハサウェイ

ここで、まずバークシャー・ハサウェイの概要について、説明しておこう。

バークシャー・ハサウェイの時価総額は、現在4333億ドルで、全米で第6位（2017年10月）。ベルギーの1年当たりのGDPに相当する規模だ。日本企業と比較すると、トヨタ自動車の2・3倍、三菱商事の11・6倍ほどの規模である。

1位アップル、2位アルファベット（グーグルが傘下）、3位マイクロソフト、4位フェイスブック、5位アマゾンと、上位5社は、ITやネット系企業が占める。バークシャーの傘下企業は、バフェットが買収した企業や傘下企業が買収した企業を含め90社以上あり、役員・社員は36・7万人を擁するが、バフェットが会長兼CEOを務める持ち株会社バークシャー・ハサウェイの社員数は、小学校の1クラス程度の25人しかいない。バフェットがいかにローコスト、効率経営に徹しているか

バークシャー・ハサウェイの概要

■ 元はバフェットが1965年に買収した繊維会社
現在は傘下に90社以上の企業を持つ持ち株会社

■ 2016年売上高2236億ドル、純利益244億ドル、
従業員36.7万人 2016年末現在

■ 時価総額4333億ドル、総資産6209億ドル
時価総額は2017年9月8日現在、総資産は2016年末現在

■ 筆頭株主バフェットの資産は756億ドルで世界第4位
出典：Bloomberg Billionaires Index 2017年9月9日現在

がわかる。

バークシャー・ハサウェイは、元々はバフェットが1965年に買収した繊維会社だ。そもそもバフェットは、純投資としてこの会社の株を買った。会社の資産価値から、かなり割安と見たのだ。ところが、落ち目の繊維産業ということもあり、思ったとおり株価が上がらないので、売ろうとしたが、オーナーがその価格を引き下げてきたので、バフェットは腹を立てて、逆にバークシャー・ハサウェイを買収してしまったのだ。

若い頃のバフェットの意外な側面が見える。それからが大変だった。いくら金を注ぎ込んでも収益は上がらず、海外の安い労働力を持つ企業に勝てない。ついに1985年に、この繊維部門を閉鎖。このようにバークシャー株の取得は、バフェットの投資の失敗例なのだ。バフェットはそれを戒めとして、バークシャーの名前を残したのである。

なお、繊維部門が閉鎖されるまでに、すでにバークシャー

の事業は株式への投資や企業買収が主体となっていた。

3　投資の神様ウォーレン・バフェットと参謀チャーリー・マンガー

バフェットは、歴史上最高の投資家とされ、「オラクル（絶対正しい導き手）・オブ・オマハ」と呼ばれる。いわば、生きる偉人だ。その存在感は、加速度的に増している。なぜそこまで、注目されるのか。

バークシャー・ハサウェイ本社が入るビル　14階のワンフロアのみを賃貸

まずは、バークシャー・ハサウェイの驚異的な株価パフォーマンスだ。ほとんどの財産がバークシャー株式であるバフェットは、このパフォーマンスにより、世界トップクラスの大富豪となった。バフェットが注目される理由として、その驚異的なパフォーマンスにあることは疑いの余地がない。投資家にとっては注目という域に留まらず、もはや崇拝という域まで達している。

バークシャーの株価の上昇とともに、バフェットの資産も増えてきた。その推移や現在の状況を見ておくことも、重要だ。

世界の資産家ランキング

ランク	名前	純資産額	国
1	ビル・ゲイツ	864億ドル	アメリカ
2	ジェフ・ベゾス	829億ドル	アメリカ
3	アマンシオ・オルテガ	802億ドル	スペイン
4	ウォーレン・バフェット	756億ドル	アメリカ
5	マーク・ザッカーバーグ	726億ドル	アメリカ

2017/9/9、Bloomberg Billionaires Index

バフェットの資産は、全米第4位の756億ドル、日本円でおよそ8兆4000億円だ。まさに途方もない額である。ルクセンブルクのGDPの1・3倍に相当する。その資産のすべてが、バフェットが買い始めた7・6ドルから今では28万ドルになったバークシャー株。その資産のすべてを慈善団体に寄付することを決めている。そのうち85%をビル&メリンダ・ゲイツ財団など5つの慈善団体に寄付することにしている。

ここで世界一の金持ちのゲイツとバフェットの結びつきについて少し語っておこう。

2人は1990年代初めに知り合い、それ以来大変近い関係を続けている。ゲイツは、現在バークシャーの取締役でもある。すでにその寄付は始まっていて、

2017年7月までに275億ドルを寄付した。

この寄付した分も入れれば、バフェットは優に世界

一の金持ちだ。

ここで、バフェットの資産がどのように増えてきたかを見ておこう。

バフェットは11歳のときに投資を始め、コカ・コーラの近所への販売、新聞配達、ピンボールの収入などで、14歳のときの資産はすでに5000ドルになっていた。30歳のときにいわゆるミリオネア（100万ドル保有者）になり、37歳のときに1000万ドルを築き上げた。

これでも十分すごいが、そこからがさらにすごい。

52歳のときには3・76億ドル、現在は756億ドルに達する。

この変遷が示すのは、バフェットの資産は52歳以降に99・5％が作られたということだ。この事実は非常に重要で、例えば、52歳で10万ドル持っている人は、バフェットと同じ経過を辿《たど》れば、86歳のときに2008万ドルの資産を持つことになる。

・右腕チャーリー・マンガーの存在なくして、バフェットの成功なし

バフェットの成功に最も貢献した人物は、2017年に93歳になったチャーリー・マンガーといってよい。バフェットは、株主総会や株主への手紙、インタビューなどで、「私」とはいわずに、必ず「チャーリーと私」を主語にして話す。そして、バフェットはマンガーを「ベスト・パートナー」と呼ぶ。

バフェットの資産額の変遷

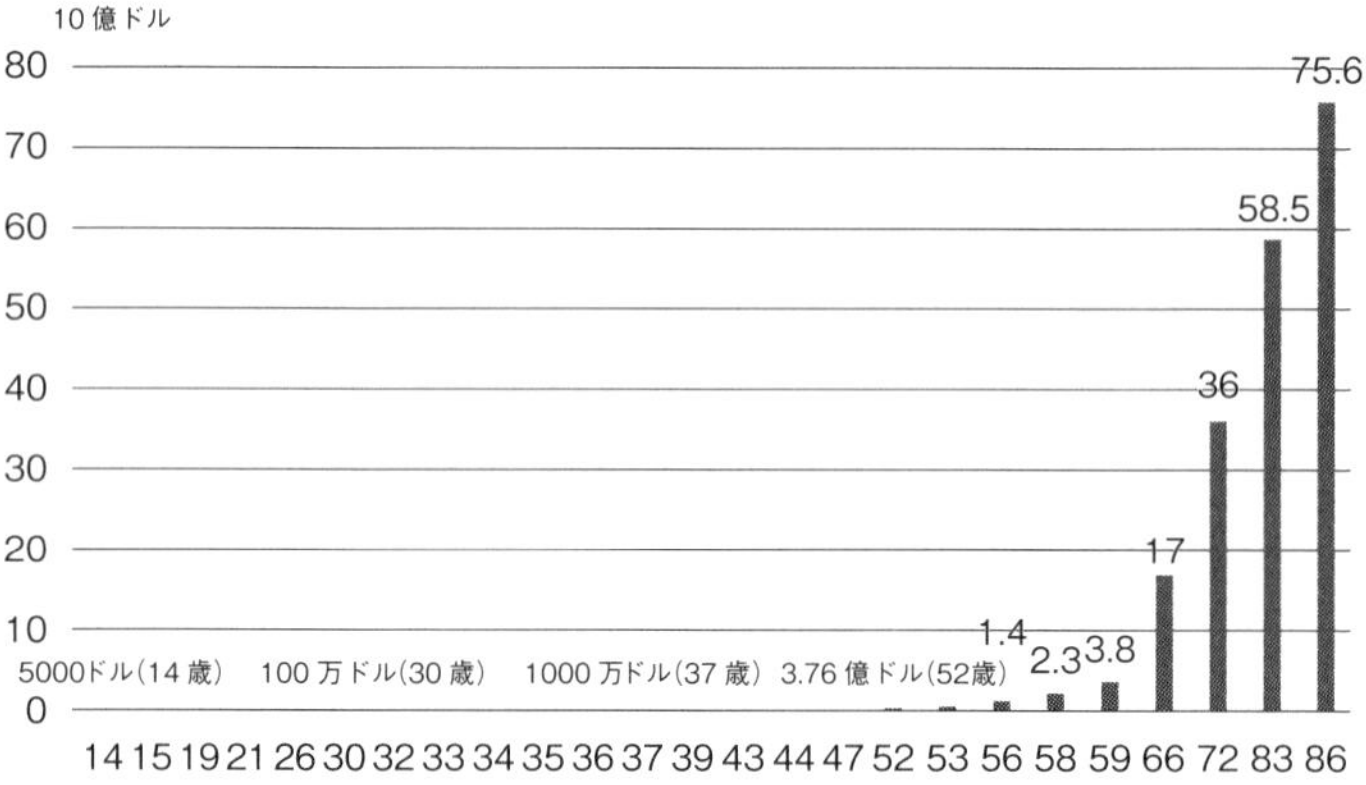

バークシャーの株主総会のひな壇には、いつもバフェットとともに、副会長のチャーリー・マンガーが並んで座る。マンガーの存在は、株主総会に来る株主の大きな楽しみだ。バフェットとの当意即妙なやり取り、遠慮なく時に辛らつな物いい、ズバッと的を射る言葉、広遠な知識からくる深い蘊蓄《うんちく》、おもわず笑ってしまう絶妙なユーモア。マンガーがいるから、バフェットが引き立つといってもいいくらいだ。

マンガーは、バフェットの投資判断に、いつもアドバイザー的役割を果たしている。また、バフェットの投資歴の中で、重要なターニングポイントになる投資にも関与している。今最も後悔していることは何かと聞かれたバフェットに、「もっと早くチャーリーと知り合っていればよかった」といわせる人物だ。

4 バフェットに心酔する投資家たち

世界中の個人投資家が、バフェット流投資とはどういうものか、投資にどう生かせるかを研究している。実際、バフェット流投資のサイトは、目白押しだ。個人投資家にとどまらず、年金、投信などの機関投資家、証券界、金融機関、ヘッジファンド、アクティビストなど、あらゆる投資参加者が、バフェットの投資行動や言動に注目する。

バフェット流に則った投資手法をとる運用会社も多い。株主総会がある日程に合わせて、バフェット流投資をする会社が、会社説明会をオマハで開いたり、バフェット流投資の講座が開かれたりする。

株主総会の展示即売会場で、バフェットが練り歩けば、メディア・キャスターが押し合いへし合い、カメラの放列は凄まじいものがある。バフェットという活字を載せれば、注目が集まるからである。オバマ前大統領は、ホワイトハウスにバフェットを招き、税制や医療制度についてアドバイスを請うている。

第一章

驚異の投資会社バークシャー・ハサウェイと、投資の神様ウォーレン・バフェット

1　バークシャーの驚異の運用成績

このチャートは、１９６４年末から２０１６年までのバークシャー・ハサウェイの株価と、アメリカの代表的な指数のＳ＆Ｐ５００の推移だ。

この間、バークシャーの株価は１万９７００倍になっている。１９６５年当時１万ドルを投資していれば、現在、実に１億９７００万ドルになるという、途方もない上がり方だ。

一方、Ｓ＆Ｐ５００指数は１２７倍。それでもよいといえばよいのだが、バークシャーの株価と比べれば、まさに天と地の開きになる。この間のバークシャーの年率利回りは、20・８％。52年間の平均で年20％以上の利回りを上げ、Ｓ＆Ｐ５００指数の９・７％を２倍以上も上回っているのだ。まさに驚異的というしかない。

バークシャーの株主は、バークシャー株を長期で持つ人が多い。

出来高の少なさが、それを物語る。時価総額が４５００億ドルと同程度で、株価も同レベルのフェイスブックの１日の平均出来高が１８００万株に対し、バークシャーＢ株は３４０万株程度にとどまる。

１９６５年の買収以来、これだけの上がり方をしている中で、バークシャー株を長く持ち続ける人が多いというのは、それだけお金持ちがたくさんいるということになる。

バークシャー・ハサウェイの驚異的なパフォーマンス

	1株当たり簿価	株価	S&P500指数
騰落率（1965−2016）	8,843倍	19,726倍	127倍
年率利回り（%）（1965−2016）	19.0%	20.8%	9.7%

1964年末を100とした時の各数値の推移

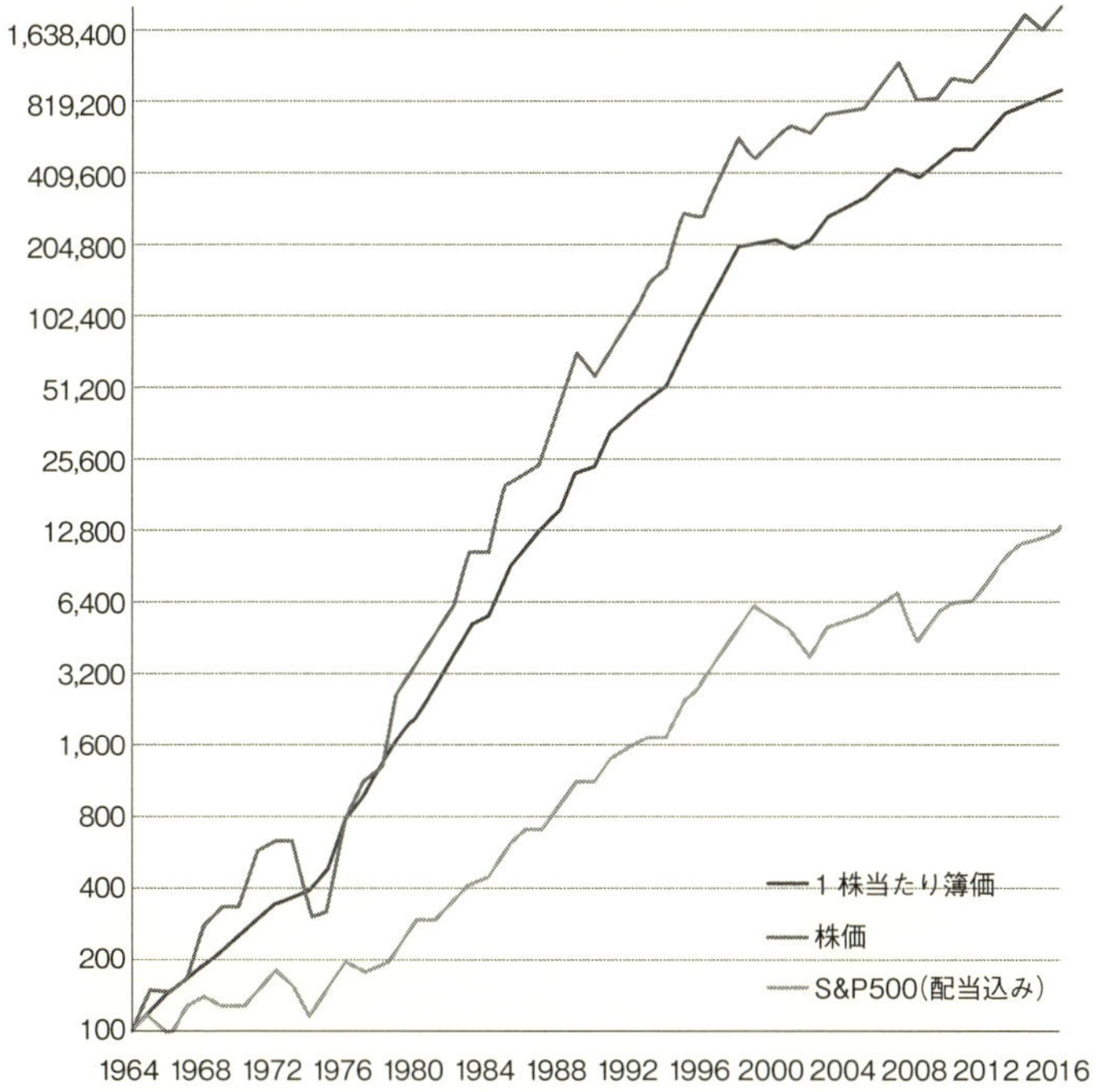

東京オリンピックの翌年1965年に、円でバークシャーに投資していたらどうなるか。当時の円は1ドル360円だった。当時360万円をバークシャー・ハサウェイに投資していると、現在では230億7000万円になっているのだ。実に6400倍にもなる。その間の日経平均の上げ幅は、たったの16倍だ。いかにその上がり方が凄まじいかがわかる。

バークシャーの株価は、1926年から2011年まで、30年以上取引されている株式1777銘柄の中で、リスクを加味したリターン（シャープ・レシオ：（リターン－短期国債利回り）／リスク）が0・76で最も高かったという。リスクを加味したリターンとは比較できない。そのため、リスクをいくらでもとって上げたリターンと、リスクを低くして上げたリターンとは比較できない。そのため、リスクを加味したリターンの達成度を測る訳だ。1926年から30年以上取引している株式の中でシャープ・レシオが最も高かったということは、バークシャーが最もいい投資対象だったということを意味する。

これほど高いパフォーマンスを続ける中で、バークシャーは税制で元々不利な戦いを強いられている。バークシャーは企業なので、バークシャーの株価は税引き後の業績を反映した数字だ。一方、アニュアルレポートで比較対象としているS&P500指数の数字は税引き前だ。

バフェットがいうには、バークシャーがもしS&P500を持っているだけの会社で、相当の税金を払っていたら、その結果、S&P500が上がったときにはS&P500に負け、S&P

バークシャー・ハサウェイ株価とS&P500指数

	1965〜2016	1990〜2016
S&P500が上がった年のBHの平均利回り	31.9%	21.0%
S&P500が上がった年のS&P500の平均利回り	18.0%	18.0%
S&P500が下がった年のBHの平均利回り	1.6%	−5.1%
S&P500が下がった年のS&P500の平均利回り	−14.3%	−16.6%

500が下がったときには、（税の戻しがあるので）S&P500を上回る。

長年にわたり大幅にS&P500指数は上がってきているから、S&P500指数を持つバークシャーにとっては、税金のコストが大きく足を引っ張るという訳だ。マンガーにいわせると「バフェットは勝負にならない勝負をやっている」ということだ。

上の表は、S&P500が上がった年、下がった年別に、1965年から2016年までと1990年以降の後半のバークシャーの平均年利回りを見たものだ。

これを見ると、52年のうち下がった年の下げ幅で、S&P500より大幅に下げ幅が少なく、驚くべきことにプラスの利回りを確保している。その差は10%以上と大幅だ。バークシャーの株価は、市場が下げても、あまり下がらないことがわかる。また上がった年も、バークシャーは税制面で不利にもかかわらず、S&P500を大幅に上回る利回りを上げている。

このように、これまで52年間で、バークシャーが税引き後のパフォーマンスで、大幅に不利であるにもかかわらず、税引き前のS&P500の2倍以上の投資利回りを上げているのだから、驚異的ということがわかる。

2 バフェットとバークシャーの歩み

草創期のバフェットとバークシャーの歩みを簡単に振り返っておこう。

バフェットは1930年8月オマハに生まれた。幼少の頃よりお金に興味があり、9歳のときに地元図書館のファイナンスの本はすべて読みつくしたという。株式投資は、近所へのコカ・コーラの販売などで稼いだお金で、11歳のときに始めた。その後、ハーバード大学の面接で落とされ、失意の中にいたが、投資の師匠となるベンジャミン・グレアムの著書『賢明な投資家（The Intelligent Investor）』に感動し、弟子入りを志願。グレアムが教えていたコロンビア大学に入学した。グレアムが経営する運用会社でアナリストとしても働いた。

地元に戻り、父親が経営する証券ブローカーでセールスを経験し、1956年、バフェット・パートナーシップを設立、文字どおり、投資運用の世界に入る。生涯のパートナーとなるマンガーとは、1959年、29歳のときに知り合っている。

繊維会社のバークシャー・ハサウェイ株を割安と判断し、バフェットは1962年から買い始め、

1965年に実質支配下に置いた。一方で、バフェット・パートナーシップは1969年に解散し、パートナーに運用資金を分配した。これ以降、バークシャーがバフェットの唯一の運用会社となる。

3　現在のバークシャーについて

バークシャー・ハサウェイを見るとき、傘下企業と保有する市場株式の2つの観点で見るのが妥当だ。以下がバークシャー傘下の企業群だ。業種は多岐に渡るが、比較的地味な業種であることが特徴だ。部門別には、以下のように大別できる。

保険部門　保険料収入が保険金を支払う前のフロートとして投資の原資になる。
インフラ部門　電力、鉄道、パイプライン、送電会社など、安定的収入が特徴。
食品部門　高い知名度とブランド価値を持つ。
住宅関連部門　家具、住宅、カーペット・床材、塗料で強いコスト競争力、規模のメリットがある。
工業製品・原料部門　器械、切削工具、潤滑油、航空部品など高い信頼性や顧客ロイヤリティがある。
その他部門　小売、運輸、企業ニュース配信など多岐にわたる。

近年では、鉄道のBNSF、産業器械のマーモン、航空機部品のプレシジョン・キャストパーツ、

バークシャー・ハサウェイ傘下企業

食品大手のクラフト・ハインツの大型買収を行っている。

ここに一覧で示したのは、バークシャーの主な市場株式の保有状況だ。

これを見ると、株式時価総額が1220億ドルとバークシャーの時価総額4333億ドル（2017年9月6日現在）の30％弱程度であることがわかる。

意外と少ないと感じるだろう。これは、バフェットが常々いっていることだが、バークシャーの規模が大きくなるにつれて投資単位が大きくなり、市場株式ではその投資単位に合わなくなってきているのだ。

まだバークシャーの規模が現在より大きくなかった1980年代あたりまでは、市場株式のほうが傘下企業より、現在の逆の比率で大きかった。現在で

バークシャー・ハサウェイの市場株式保有状況

会社名	保有比率	買付額（百万ドル）	時価（百万ドル）
ウェルズ・ファーゴ	10.0%	12,730	27,555
コカ・コーラ	9.3%	1,299	16,584
IBM	8.5%	13,815	13,484
アメリカン・エクスプレス	16.8%	1,287	11,231
アップル	1.1%	6,747	7,093
フィリップス66	14.4%	5,841	6,445
USバンコープ	6.0%	3,239	5,233
ゴールドマン・サックス	2.9%	654	2,727
デルタ・エアラインズ	7.5%	2,299	2,702
ムーディーズ	12.9%	248	2,326
サウスウエスト・エアラインズ	7.0%	1,757	2,153
チャーター・コミュニケーションズ	2.5%	1,210	1,955
ユナイテッド・コンチネンタル	8.4%	1,477	1,940
サノフィ	1.7%	1,692	1,791
USGコープ	29.7%	836	1,253
その他		10,697	17,560
保有株式合計		65,828	122,032

2016年末現在

は1000億ドルもの投資資金を抱え、バフェットが買う市場株式の投資は100億ドル単位になっている。100億ドル単位で市場で買える会社は、早々あるものではないので、投資候補探しに困難が伴うのが実状だ。

4 バフェットの伝説的エピソード

バフェットの投資として、伝説になっている銘柄はいくつかある。これからそのエピソードは折に触れて出てくるので、ここで簡単に紹介しておこう。

事例1 アメリカン・エクスプレスへの大量投資

永久保有銘柄として現在も全体の16・8%を保有しているアメリカン・エクスプレスは、実は1964年に投資した銘柄だ。子会社が巨額詐欺事件に巻き込まれ、アメリカン・エクスプレスの株価は半分になり、あまりにも割安だと判断した34歳の若きバフェットは、1964年末までにパートナーシップの資産の40%に当たる300万ドルの大量買いをアメリカン・エクスプレスに入れたのである。

事例2 バークシャーの宝石、シーズキャンディ買収

バフェットが、これまでの買収の中で最も賢い買収だったとたびたび取り上げるのが、チョコレートのシーズキャンディだ。1972年にシーズキャンディを2500万ドルで買収した。買収した1972年当時、シーズの売上は3000万ドルで利益はほんの420万ドルだったが、2011年には3億7600万ドルの売上で、8300万ドルの利益を上げた。しかも、40年前に買収してから累積で、なんと20億ドルの利益をもたらしたという。

事例3　ウォーターゲート事件で暴落したワシントン・ポストの買い

1972年に発覚したニクソン大統領のウォーターゲート事件を世に知らしめたワシントン・ポストは、政権からの圧力によってそのころ株価は急落していた。ワシントン・ポストの財務内容を調べて、大幅に割安になっているのを見抜いたバフェットは、発行株数の12%を買った。ワシントン・ポストのオーナー一族の女性社長、キャサリン・グラハムはバフェットが大量に買ったことを知り、パニックに陥るが、その後、意気投合し、バフェットはワシントン・ポストの取締役に就任した。

事例4　ITバブル時に理解できない会社は買わないという信念を貫き、無傷で過ぎた

1998〜2000年のITバブルのときに人気化していたハイテク株に手を出さなかった。バフェットは、当時振るわないバークシャー株価に対して、なぜハイテク株を買わないのかと株主から責められ、「自分が理解できない会社は買わない」とはっきり答えている。そして、その後のITバブルの崩壊を無傷で通り過ぎたのである。

株主限定シーズキャンディのチョコ詰め合わせ

事例5　Buy American, I am.

２００8年9月のリーマンショック直後の10月18日、バフェットはニューヨーク・タイムズに個人名で寄稿している。そのタイトルは「アメリカ（株）を買え。私は買っている」。実はこのとき、バフェットは１００億ドルに上る巨額投資を実行していた。だがその後、２００9年3月まで下げ続け、バフェットの投資は早すぎたという声が出ていた。そのときバフェットがいった言葉が改めて思い出される。「私は、今底かどうかはわからないが、安いということはわかる」

事例6　市場を驚かせたアップル買い

２０１6年秋から２０１7年初めにかけて、バフェットは、アップルを1億３３００万株買った。このバフェットのアップル買いは、市場の話題をさらった。ＩＴ嫌いのバフェットが、アップルを買ったという反応だ。バフェットが買ったと見られるアップルの株価は１１０〜１３０ドルのレンジから、すでに２０１7年9月15日現在１６０ドル近辺となっている。

コラム：バフェットの後継者たち

バフェットは、2017年8月で87歳になった。ここ数年、株主総会などで話題になるのが、バフェット亡き後、バークシャーはどうなるのかということだ。バフェットだからこそ、ここまでバークシャーの株価を上げて来られたと誰もが思い、そして、バフェット亡き後が心配になるのは当然だ。

バフェットは、このことについてこう答えている。「私がいなくなっても、バークシャーのカルチャーは生き続ける。その力がすごいことは、後々はっきりわかるだろう」

現時点でバフェットがいなくなったり、職務不能になったりした場合に備えて、バークシャーの取締役会は、2人の候補者を決めている。その人物は公表されていないが、バークシャーの50周年に当たり、マンガーがバークシャー株主向けに書いた「副会長の思い―過去と将来」の中で、例えとして、バークシャー・エネルギーのグレッグ・エーベル（50代半ば）とバークシャー保険のアジット・ジェーン（60代半ば）の名前を、後継者の候補に挙げている。もちろん、いずれもバフェットとマンガーが高く評価する人物である。現在のところ、後継者の話題はこのような形で落ち着いている。

さらに、バフェットの長男、ハワード・バフェットが会長に就くことになっている。ただし、経営の権限を持つ立場ではなく、象徴的存在だ。バークシャーのカルチャーが損なわれることがないようにするためとのことだ。

また、市場株式の運用については、バークシャーの経営トップとは別に、後継者として2人の運用マネージャーをすでに置いている。トッド・コームズ（2010年入社）とテッド・ウェシュラー（2011年入社）である。2人とも、もちろんバフェットの投資哲学をよく理解し、バフェットの眼鏡にかなった人物である。バフェットは、2人の運用能力を高く評価し、次第に運用枠を増やしていて、すでに100億ドルずつ運用を任せている。したがって、ときどきバークシャーによる市場株式の買いが話題になるが、100億ドル未満の少額（通常は少額ではないが）の場合、この2人のうちのどちらかの買いの可能性がある。たとえば、2016年春のアップル買いがそうだ。当時バフェットがアップルを買ったと一時話題になったが、実はこの2人のうちのどちらかの買いだった。バフェットが買ったからと早合点して、買うという投資行動に出ると、間違える。なお、2人のどちらが買ったかは公にされていない。

バフェットにいわせると、2人とも「自分より運用成績がいい」とのことである。この2人の買いが、市場で話題になることも多くなってきた。

ちなみに、バフェットは2017年4月のインタビューで、2人を紹介しながら、次のように語っている。

「市場株式の運用責任者の選考は、大変重要な役割なので、マンガーと2人で行った。評価ポイントは、実績、どのように運用しているか、そして性格だった。バークシャーの運用方針、カルチャーに合っているか、なにより高潔で勤勉かということだった」
バフェットは、この2人に新聞、定期誌、四半期報告書、年次報告書などを1日500ページは読めといっている。コームズは朝7～8時ごろ出勤し、夜7～8時ごろ退社し、その間これらの情報ソースを読むのに明け暮れ、帰宅し食事をすると、またそれらを1～2時間読み、1日12時間読むのに費やしているとのことだ。そして1週間に3、4回程度しか外から電話は来ないという。ウエシュラーにいわせると、バークシャーに来てから、余計なレポート作りや雑務に時間を割かれることなく、学ぶ量と質のカーブが急角度で上がっているという。バフェットは2人の運用に一切口出しはせず、完全に任せている。

コラム：株の基礎を理解する

本書では折に触れて、株価評価、株価の上昇・下落、配当などについて述べることが多いので、ここで株に関する基礎の基礎を説明しておく。

株を持つということは、会社の一定の持ち分を保有するということだ。すなわち会社のオーナーになるということになる。

貸借対照表では、資本の部の株主資本のお金に当たる。株式に投資したお金は、負債と違い、会社が返す必要のないお金だ。会社の業績によって株価は変動し、配当金は増えたり減ったりする。投資家にしてみれば、株価は上がり、配当も増えるから、業績が伸び続ける会社に投資することが望ましい。バフェットの投資パフォーマンスが示すように、長期で持っていることで投資した銘柄の株価が10倍、20倍になるということも大いにある。そういった銘柄に投資できれば、選択眼が優れているということになる。

一方で、業績がよくても、株価が高くなりすぎていたり、業績がよくても一時的で、長く持つに値しなかったりする会社もあり、投資判断がそこに深く関わってくる。そこで、いくつか基礎的な株価判断指標を紹介しておこう。

1　株価の割安・割高度を判断する指標

株価収益率（ＰＥＲ）：株価／１株利益

この倍率が高くなると、割高になる。一般的に、20倍以上は割高、15倍前後は平均、10倍前後以下は割安。いくら業績がよくても、ＰＥＲが高く株価が割高だと、業績が落ちたりすると、下げ幅も大きくなりやすい。会社の業績が継続して伸びていけば、その割高度も下がっていくことになる。

2　株主のお金からどれだけ利益を生み出しているかを測る指標

株主資本利益率（ＲＯＥ）：純利益／株主資本

この数字が高いほど、株主のお金から効率的に利益を生み出していることになる。一般的には10

%以上が合格と見てよい。5%前後だと不合格だ。5〜10%は不十分と見てよいだろう。なお、利益は1年単位だと変動するので、数年の推移を見て、これが上昇傾向であることが望ましい。中長期では、このROEの水準が株価動向に深く関わってくる。バフェットが重要視する指標だ。

3　株主にどれだけ還元しているかを示す指標

株主還元率：(自社株買い＋配当)／純利益

株主をどの程度重視しているかが、わかる指標だ。当然ながら、多いほうがいい。ただし純利益が少なく、会社が無理して自社株買いや配当をしているケースもあるので、数年の推移を見ることが必要だ。自社株買いをすれば、株価が上がる要因となり、発行株数が少なくなり株主の持ち分は増える。また、配当金が増えていけば、取得コストベースの配当利回りは上がっていく。株主還元率は、最低でも継続して60%以上は欲しいところだ。

第一章

ウォーレン・バフェットの投資とは

投資家バフェットの根幹を成す哲学

これだけの高いパフォーマンスを支える企業は、どういう視点で選ばれるのか。驚異的なパフォーマンスを上げてきたバフェットの根幹をなす投資哲学は、「いい会社の株を買って、長く持つ」である。極めて簡単だが、そこには深い意味がある。

1 いい会社の株を買う

・チャートではなく、会社自体を見る

会社の業績や事業内容などをよく見ずに、チャートの動きを見たり、株の需給関係などを測って売買したりするやり方があるが、バフェットにいわせれば、そういうやり方は投資の範疇《はんちゅう》にはまったく入らない。

バフェットが投資の基本スタンスとして強調するのが、会社を買うということである。会社を買うとはどういうことかというと、会社の一部を保有するオーナーになるということだ。

バフェットがバークシャーの株主をパートナーと呼ぶのは、バフェットもバークシャーの株主もオーナーだから、同じ立場のパートナーという訳だ。

このオーナーであるという意識は大変重要だ。それは、お金の投入の仕方に関わってくるからだ。

株価の動きを見て投入している人は、チャートを見て頻繁に売買したり、一定の利益が出れば売却

したりして、オーナーという感覚はない。

一方、会社のオーナーになるというスタンスであれば、会社に資本を投入することになり、会社は、そのお金を会社の成長に活用する。そして、株主は、その見返りに、株価の上昇と配当金という恩恵を受け取る。

バフェットはこのような投資スタンスの重要性を強調しているのである。そして、大きなお金をつかもうと思うのであれば、絶対に後者の方法をとるべきである。

バフェットの名言：スコアボードを見て試合をするな。フィールドを見て試合をしろ。

スコアボードとは、チャート上にある株価の動きだ。株価を見て、投資をするなということをいっている。そして、フィールドとは会社のことだ。

・10年、20年利益を伸ばし続けられるか

そして、肝心なのは、利益の拡大を長く継続できるかということである。一時のブームや景気の追い風によって収益が上がっても、それがなくなるとシューッと落ちていってしまう会社は選ばない。

また、市況や需給によって収益の変動が大きい会社も、バフェットが選ぶ対象には入らない。景

気の波に左右されにくく、安定的に10年、20年と伸び続ける、どちらかというとローリスクの会社だ。そして、それにかなえば、投資するということだ。

・1株利益の伸びでは見ない、ROEで見る

バフェットは、経営の評価は投下資本利益率（ROIC：純利益／（資本＋負債））が資本コストを上回っているかどうかで判断し、1株利益の伸び率では判断しない。ここで、資本コストは、投資家が要求する年率投資利回りと見てよい。

たとえば、8％程度はほしいというような利回りだ。

バフェットはこういう。

「経営者に適正な資本投下スキルが不足していることは、決して小さなことではない。業績の基本的な評価は、投下資本に対しての利益率（過当なレバレッジや会計操作をしないことを前提に）の達成度合いだ。1株利益の伸びの達成度ではない。

経営陣や市場は、1株利益やその変化率に重きを置くべきではない。資本を多く投下しないで毎年利益を生み出してくれれば、そのビジネスはすばらしい。資本投下が必要でも、資本コストに対して十分満足できるリターンを得られれば、それもすばらしい。

反対に最悪なビジネスは、成長はするが、成長を強いられて非常に低い投下資本利益率で、資本を投下しなければならないビジネスだ」

株主資本利益率（ROE）の3要素分解

$$\mathrm{ROE} = \frac{\text{純利益}}{\text{売上高}} \times \frac{\text{売上高}}{\text{総資産}} \times \frac{\text{総資産}}{\text{株主資本}}$$

（売上高純利益率）　（総資産回転率）　（財務レバレッジ）

※バフェットは売上高純利益率を重視する

バフェットは、経営者の資本投下のスキルが不足していると、アメリカ企業に対してでさえ嘆くのに、アメリカ企業の投下資本利益率の半分にも満たない日本企業の経営が、より劣っているのはいうまでもない。

また、バフェットは負債が少ない、あるいはまったくない会社を好むので、結果的に投下資本利益率は、株主資本利益率（ROE：純利益／株主資本）に近くなる。また、ROEを高める要素の中でも、利益率の高い銘柄を高く評価する。株主資本利益率は図表の式に分解できるが、バフェットは売上高純利益率を重視するのだ。我々投資家は、1株利益やその伸び率を重視しがちだが、バフェットがROEで評価する事実は、大変重い。

・競合他社がまねできない優位性（エコノミックモート）があるか

モートとは、濠《ほり》のこと。城が深い濠で守られている風景を想像するといい。これはバフェットが作った言葉だ。バフェットによれば、こうだ。

「すばらしいビジネスとは、誰もが欲しがる城のようなもので、ライバル企業が同じ製品を作ったり、同じようなサービスをまねしたりするだろう。

これは資本主義経済であれば自然なことだ。しかし、耐久力があって競争優位性があれば、そう簡単には同業他社にまねされない。いわば、城の周りの濠が、この状況に当たり、エコノミックモートだ。エコノミックモートがある会社は今がよいだけでなく、10年後、20年後もよい会社でいられる可能性が高い。そういう企業は、コスト競争力が強かったり、才能豊かな人が多く、利益率が大変高かったりして、容易に他社が参入して来られない」

このほかにも、ブランド価値が高かったり、多くの特許を持っていたり、マーケットシェアが大変高かったり、スイッチングコストが高かったりすれば、エコノミックモートがある会社といえる。

バフェットが投資した会社の中で典型的な例は、コカ・コーラだ。

コカ・コーラはバークシャー・ハサウェイが4億株、9・3％の株式を保有する筆頭株主だが、バフェットは1987年のブラックマンデー後、1988年から1989年にかけて、株価が安くなったときに買った。

ほかの飲料メーカーがコカ・コーラとまったく同じ味の飲料を発売したとしても、コカ・コーラ同様の売上を記録できないのは、コカ・コーラの持つブランドが強固だからである。コカ・コーラという名のブランド価値は、時価総額の40％にも及び、コカ・コーラにとってはそのブランドがエコノミックモートになっているのである。まさに城の周りに深い濠があるようなものだ。

・経営者が信頼できるか

「経営者が信頼できるか」を、バフェットは最大の眼目としている。

バフェットは、買収した企業を手放すということはしない。ずっと持ち続ける。「買ったら持ち続ける」（Buy&Hold）訳だから、「あとで経営者が信頼できないことがわかった」では、その買収は失敗なのだ。

バフェットがいう信頼できる経営者は、〝高潔、謙虚、倹約、誠実、勤勉〟を備えている人物である。買収を検討する際に、経営能力というより、人間性についての判断をしている訳だ。経営者が信頼できる経営者か――これがバフェットの買収、あるいは市場株式への投資における最大の判断基準なのである。

・株主還元を重視するか

「株主還元を重視する会社」に投資をするという姿勢は、バフェットが投資の際、いつもその底流に流れているといってよい。つまり、株主還元を重視しない会社は、投資対象にならない。すなわち、投資に値しないというスタンスをとるべきということである。

この方針を適用すれば、残念ながら日本企業の8割が投資対象から外れると私は見ている。バークシャーが長期保有するコカ・コーラの現在の取得コストベース配当利回りは、実に43％だ。コカ・コーラは55年連続増配を続けている。元本である取得コストが変わらない中で、コカ・コーラを買って以来、バフェットはずっと分子の配当金の増配を享受しているから、配当利回りはどんどん上がっていく。そして、株価は買ってから12・8倍となっている。増配を続ける会社は業績もいい。

したがって株価も上がる。

また、こういうこともいえる。株主還元を重視する会社は、株主に還元するためには利益を上げなければならないということを踏まえて、優れた製品やサービスを提供し、社内の規律が高まり、社会に広く受け入れられ評価が高まり、ブランド価値は高まるという、よい循環ができている。

一方、株主重視の姿勢が十分でない会社は、どういう経過をたどるか。

配当金の増配が続かなかったり、減益になればすぐに減配したりする。こういう会社は、当然ながら業績が不安定な傾向が強い。いわば会社の利益に対する執着度が低い。そして、株価も上がったり下がったりで、持続的に上昇しない。また、新株を発行して、株主の持ち分を減らし、その分、1株利益も減り、株価は下がる。このように、株主重視の姿勢が十分でない会社は、投資成果は期待できない。株主還元を重視する会社か否かは、大変重要なポイントなのだ。

・バフェットは、買収の際、デューディリジェンスをしない

バフェットは、買収の際、何が大切かをここで説いている。そして、それは我々一般投資家にとっても、投資の際の視点として、どこに着目するかという点で、大変参考になる。

バフェットは、企業を買収するに当たって、企業資産の適正評価（デューディリジェンス）をしな

い。これについて、バフェットはこういう。

「我々は、買収でたくさんの誤りをしてきた。その誤りは、その産業や企業の将来について誤った評価をしたためであって、労働契約、特許の有効性などデューディリジェンスのチェックリストに載っているものではない。工場や店舗をチェックしても、それが買収の判断につながるものではない。そのチェックリストには、企業や産業にのしかかってくる真のリスクを示すものはない。

買収において大事なことは、経営者が買収によって大金を手に入れた後も、前と同じように仕事をしてくれるかどうかだ。そしてそれは、チェックリストには載っていない。私は、人を信頼したい。そうすれば、その人は私を信頼してくれる。デューディリジェンスは、だらだら長く続く。細部まで見て、肝心の点を見失ったり、重要でもないことを議論し始めたりして、買収が暗礁に乗り上げることもある。私は、買収において、小さな点を見落としてもまったくかまわない。すべての点でパーフェクトということはありえない」

プレシジョン・キャストパーツを323億ドルで買収したときの経緯は、バフェットによれば、こうだ。

バークシャーのオフィスに来たプレシジョンのCEOであるマーク・ドネガンと10分か15分話した後、バークシャーからの買収の申し入れを聞くかどうか尋ねた。ドネガンが取締役会に持ち帰り、バークシャーからの申し入れを聞く承認を得た。バフェットは買収を申し入れ、話し合って、合意に至った。それまでの両者の話し合った時間は全部でおよそ25分だったという。なぜそれほど短く終わったのか。

バフェットによれば「我々は基本的にデューディリジェンスをやらなかった。我々のデューディリジェンスは、彼らの目を見ることだ」

ドネガンが信頼できる経営者であることを見極めた後のバフェットの懸念は、バークシャーが買収後、ドネガンが長く経営を続けてくれるかどうかだったのだ。

我々投資家から見れば、この視点は、投資しようとする会社は安心して投資できる会社かどうかを見極める有力な方法ということである。

一般の投資家が経営者をこの視点で判断しようとする場合、どうすればいいか。過去の経営者のインタビュー、株主総会や投資家説明会での発言などからその実現度、発表した計画の達成度、実際の株主への還元姿勢を見極めるというようなやり方がいい。

2　自分のわかる範囲でやる

・自分が理解できるか

バフェットは、理解できる会社にしか投資しない。自分の能力の範囲をわきまえて、どこまでが自分の能力の範囲内かをはっきり意識しろという。ほかの人が買っているからとか、株価が上がり続けているから、などという安易な考えで買うと、痛い目にあうことをいっている。

ＩＴバブルのピークだった１９９９年に、バークシャーの株価は20％下がった一方で、市場全体の株価動向を示すS&P500指数は21%上がった。ハイテク株がどんどん上がっていくのに、バークシャー株は下がり続けるので、なぜニューエコノミーに投資しないのかと散々批判されたが、バフェットは「理解できない会社には投資しない」という原則を貫いた。

そして、バブルがはじけてバブルに踊った投資家が大きな痛手を被ったとき、バークシャーはまったく傷を負わなかったのである。2000年初頭から2003年末まで、バークシャーの株価は50%上がった一方で、S&P500指数は、ITバブル崩壊の影響を受け20%下がった。結局ITバブル時を含む1999~2003年の間でも、バークシャーは20%上がったのに対し、S&P500指数は3%下がり、ITバブルに乗らなかったバフェットが大きく勝利したのである。

一方でバフェットは、2011年にIBMを買い、最近ではアップルを買っている。87歳になっても、バフェットは土俵を広げ続けているのだ。

バフェットの名言：自分の土俵をわきまえろ

(Play within your circle of competence.)

・忍耐して待ち続ける

バフェットは、投資の際の忍耐の重要性について、「株式市場は、活動的な人から忍耐力のある人に富を移す」と強調する。こうもいう。

「投資家は、一生涯のうちに20回だけ穴をあけられる意思決定カードを持っていると考えるべきだ。1回投資判断を行うと、1つ穴をあけられ、生涯に可能な判断の回数が1つ減る。このような制限があると考えれば、投資家は本当にすばらしい投資機会が現れるまで忍耐強く待つことができる」

バークシャー・ハサウェイの現金保有額は今や1000億ドルになり、数千万ドルや数億ドルの投資では、全体の投資成果に響かなくなっている。投資規模は必然的に大きくなるのだが、そのため、投資案件探しが難しくなっている。そこでのバフェットの忍耐は、どれほどのものか、想像に難くない。

バフェットの名言：野球はスリーストライクで三振だが、我々はホームランボールが来るまで、いつまででも待てる。

・投資をする際、マクロやセクターを見ない

バフェットは経済成長や金融政策などのマクロ経済予測や政治、国際情勢などを見て投資判断を行うことを、「マクロの考察をしたり、マクロ見通しを聞いたりすることは、時間の無駄だ」として、明確に否定する。

その予測は当たらないし、予測することが不可能と考えるからだ。また、セクター（業種）で投資銘柄や買収案件の選択をすることもないという。一貫して、投資対象となる会社自体の評価に集中するのだ。逆に、マクロ情勢で市場が大幅に下がったときに、買いのチャンスが来るといっている。

バフェットの名言：マクロ経済の予測で、1ドルでもお金を作ろうとしたことはない。

3　割安なものを買う、割高なものは買わない

・安全域を考慮した投資をする

割安銘柄は、株価がその株式の本質価値より安い状態にある。そして、その差が安全域という訳だ。

割安株という観点で着眼するとき、会社の将来の成長性に対する評価はあまり入れない。過小評価された銘柄は、いずれ株価は本質価値に戻るという考え方だ。安全域という考え方は、バフェットの師匠グレアムが提唱したもので、その安全域とは、期待収益率（＝益利回り：株価収益率（PER）の逆数）が社債利率を上回った部分だ。株式で期待する利回りと確実に得られる社債利率の差が大きければ大きいほど、安全域は大きい。

たとえば、期待利回りが6・25％（株価収益率は16倍）で、投資対象の会社の社債利率が1・25％であれば、株式のほうが社債より年率で5％の利幅がある。10年という期間をとって、期待収益

率が社債利率を上回る部分を総計すると50％という結果になる。グレアムは、この50％を安全域として十分な数字だといっている。

バフェットは安全域について、こういう。

「今後も市場では、価格と価値が一致しないケースが途切れることなく生まれる」

バフェット自身がこの考え方に基づいて成功した投資は、これまで数多い。サラダオイル事件で株価が急落したアメリカン・エクスプレス、ウォーターゲート事件を特ダネで暴いてニクソン政権から糾弾されたワシントン・ポスト、リーマンショック後に資本不足に陥ったゴールドマン・サックスやGE、バンク・オブ・アメリカが、株価が本質価値より大幅に安くなった安全域の観点からの投資といえる。この安全域に基づく投資について、グレアムは「勇気が最高の価値を持つ」といっている。まさにバフェットが行った投資は、勇気を伴ったものなのである。

バフェットの名言：人が貪欲（greedy）なときに恐れ、人が恐れている（fearful）ときに貪欲になれ。

・本質価値と簿価

ここで、本質価値（Intrinsic Value）と簿価（Book Value）について、少し説明しておこう。バフェットは、本質価値はあらゆる面で大事な概念で、投資や事業の相対的な魅力を測る上で、唯一の論理的方法としている。すなわち、バフェットが市場株式に投資したり、企業買収をしたりする際

バークシャー1株当たり簿価と株価の変動率

年%変動率

年	バークシャー1株当たり簿価	バークシャー1株当たり株価	S&P500配当込み
2013	18.2	32.7	32.4
2014	8.3	27	13.7
2015	6.4	−12.5	1.4
2016	10.7	23.4	12.0
1965年〜2016年累計年利回り	19.0%	20.8%	9.7%
総騰落率-1964年〜2016年	884319%	1972595%	12717%

の投資尺度なのである。

一般の投資家にとっては、やや応用できる余地は少ないかもしれないが、投資の視点として理解しておくことは有益だろう。

バフェットは、本質価値を、事業が存続している間に得られるだろう現金収入の割引現在価値の合計とする。

割引率は加重平均資本コスト（負債の借り入れコストと株式の資本コストを負債比率と株式比率で加重平均した値）となる。

本質価値は、現金収入の見込みを修正したり、割引率が金利の変化によって動いたりするので、数値の前提によって変わる、見積もり数字になる。この本質価値の値と株価を比較して、本質価値が株価より高ければ株価は割安、低ければ株価は割高と、両方の差で株価の割安・割高度を測る大変重要な投資尺度だ。

一方、簿価は利用法には限りがあるが、簡単に計算できる。

利用が限定的な理由は、保有する市場株式は時価で評価されるが、傘下企業の本質価値が簿価と大きく違うからだ。ただ、バフェットは、バークシャーの1株当たり簿価の変動率を、株価の変動率とともに、年次報告書の冒頭に載せている。バフェットがいうには、これは簿価の変動率を株価に比べて非常に低く見積もってはいるが、本質価値の変動率にほぼ近い数値だからだ。一方で、簿価は本質価値を測る上では意味のない数字であると、バフェットはいう。

4　長期の視点で買い、長期投資に徹する

・10年後、20年後は予測できる

バフェットは、「目先のことは予測できないが、長期のことは予測可能だ」という。短期ではいろいろな材料がランダムに動き、かえって予測が難しいが、長期であれば、世界の経済成長、人口動態、所得動向など大きな流れを見通すことができ、10年、20年先のことのほうが予測しやすいことを意味する。これは、短期投資では利益を得にくいが、長期であれば利益を得る可能性が増えるということになる。

・長く持って、時間を味方にする

いい会社を10年、20年伸び続ける会社とした背景には、当然10年、20年持ち続けることが前提に

なる。長期のスタンスで買えば、あとは時間が株価を上げてくれる。まさに、〝時間は価値〟なのだ。

バフェットはいう。

「最も好ましい保有期間は永久」

バフェットがいうバークシャーの永久保有銘柄は、アメリカン・エクスプレス、コカ・コーラ、ウェルズ・ファーゴだ。あとで取得の経緯を記すが、アメリカン・エクスプレスは１９６０年代半ば、コカ・コーラは１９８０年代後半、ウェルズ・ファーゴは１９９０年代初めに取得している。

また、バフェットは、長く持つスタンスで買っているのだから、買ってからすぐ上がることを期待すべきではないともいう。当然下がることも大いにあり得るのだ。買ってから短い期間の下げは、10年、20年と長く持つ中では、意味のないことなのである。

赤ちゃんは生まれるまでに10カ月かかる。株も、買ってから成長するまでしばらく寝かせておくこと、すなわち目先の株価にとらわれないことが大事だとバフェットはいう。そして、もし下がれば、安く買えるのだから喜ぶべきで、もっと買い増してもいいともいう。

バフェットの名言：時間は、すばらしい会社に投資しているときは友達だが、大したことない会社に投資しているときは敵だ。

・強力な複利のパワー

さて、このような長期で持ち続けることで、何がもたらされるのか。それはまさにバフェットが投資において最も狙っている複利のパワーだ。ここにバフェットのおもしろい逸話がある。

1980年代、妻、スーザンは慈善事業に熱心で、夫のバフェットに「投資ばかりにお金をつぎ込んでいないで、少しは慈善事業にお金を回して」と懇願したところ、答えた夫の言はこうだ。

「もう少し、待ってくれ。もっと後になれば、もっと増えるから」

この言葉は、まさに複利効果のことをいっている。

バフェットは、複利効果を最大限に発揮させる運用をずっと続けてきたのである。

バークシャーの株価は、グラフのとおり、前半の26年はほとんど横ばいに見える。しかし、後半の26年で爆発的に上昇している。

ところが、実は横ばいのように見える前半の26年は、年率利回りは28・9％。爆発的に上昇している後半の26年は、14・9％と前半のほぼ半分なのである。

バフェットがいっているように、後半になって複利効果のパワーがいよいよ発揮され出した訳だ。前半の高い利回りにも関わらず、現在の株価の96％は、利回りが前半に比べ半分近い後半に作られたのだ。

バークシャー・ハサウェイの投資利回りと株価推移

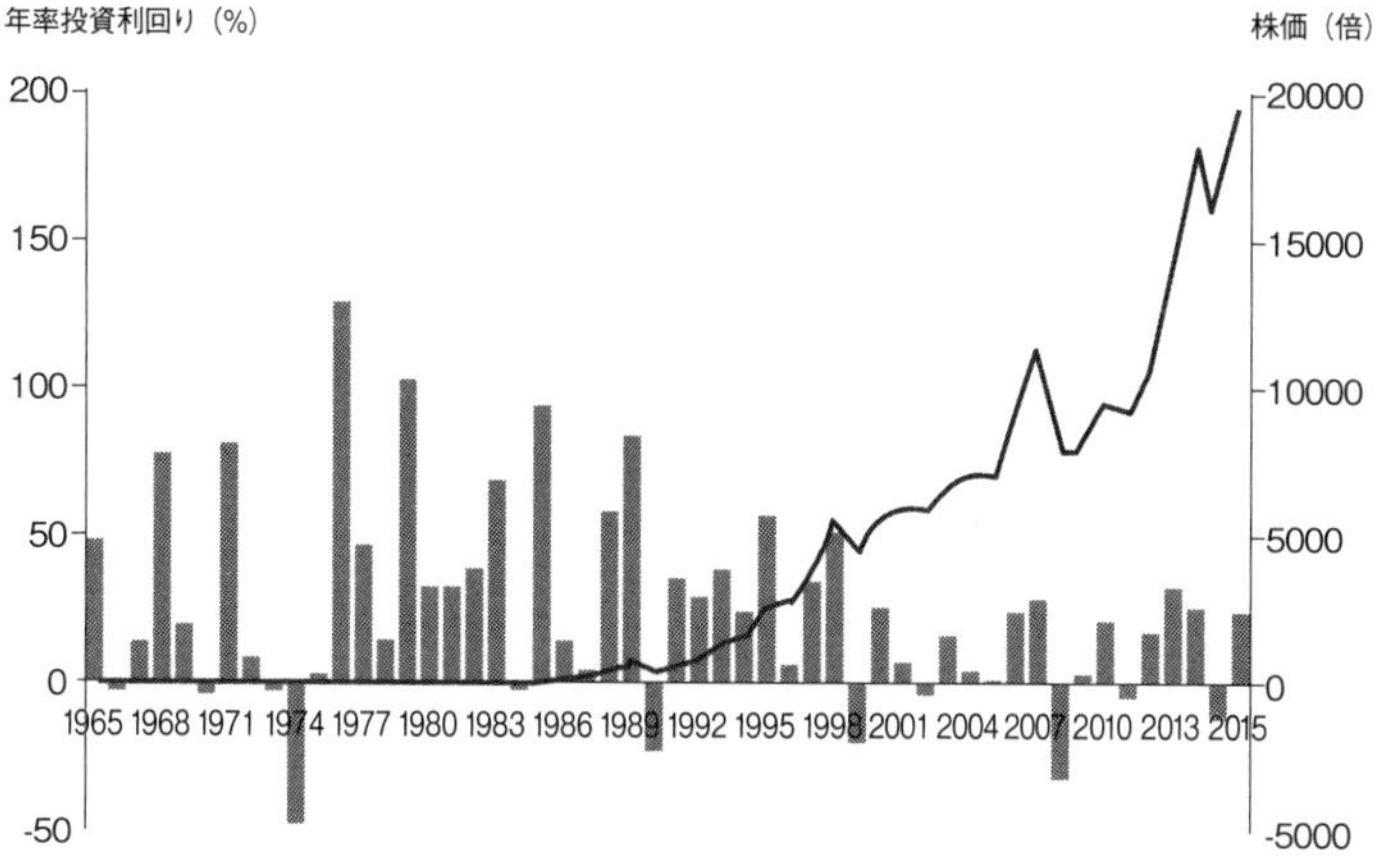

投資で大きな成果を上げる秘訣は、時間をかけることだ。時間をかければどうなるかというと、複利効果を最大限発揮できる。

たとえば、投資元本１００万円を50年で５％の複利運用をするとどうなるか、見てみよう。

最初の10年では63万円増えるが、20年後からの10年では１６７万円、40年後からの10年では４４３万円も増える。同じ10年でも、最初の10年と最後の10年では、増える額は7倍の違いになる。複利効果の威力が如実にわかる。

そして、バフェットは50年以上にわたり、この「時間」を最大の味方にしてきたのだ。このように時間をかけることによって、投資成果を最大化させるというスタンスは、会社選びにも深く関わってくる。バフェットが選ぶ会社は、10年、20年と成長が見通せる会社ということだ。選ぶ会社と投資の時間軸を同じにしているのである。

資産運用の複利効果

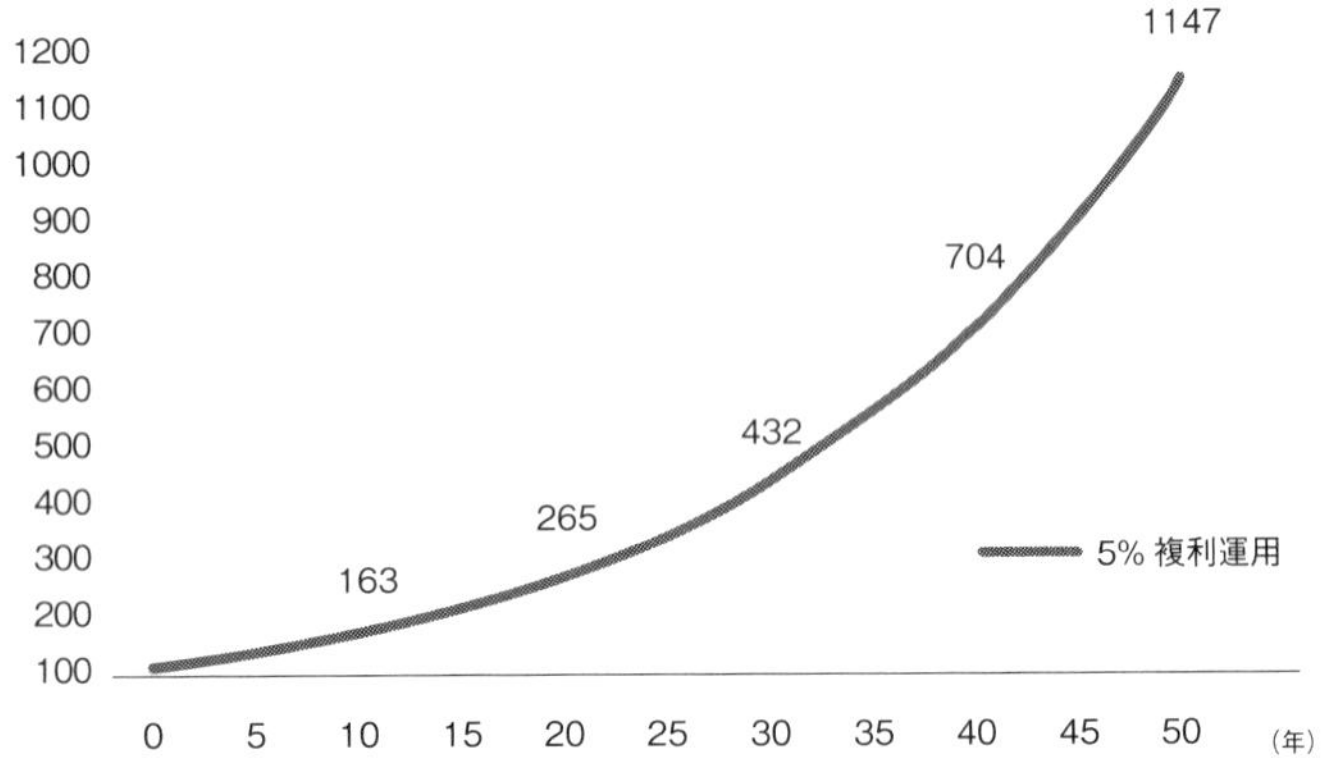

バークシャーは1967年にわずかに配当した以外に、これまで配当金を出していない。すべて利益を再投資してきた。この再投資こそ、複利効果を発揮させるパワーなのだ。

アルベルト・アインシュタインは、「複利効果は人類最大の発見」といっている。米物理学者、アルバート・バートレット博士は、「人類最大の欠点は、指数関数を理解する能力に欠けていることだ」といっている。

余談になるが、この複利効果はお金の運用だけでなく、日常の生活の仕方やよい習慣を身に付けるという面でも、大きな力を発揮するように感じる。

バフェットの名言：10年持つつもりがなければ、10分も持つな。

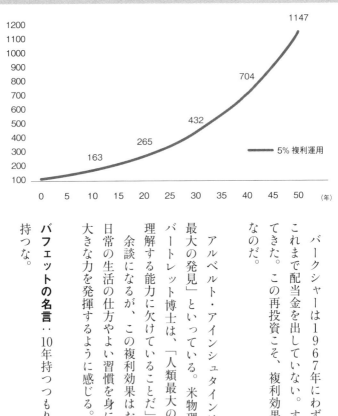

5%複利運用時の10年間の増加分

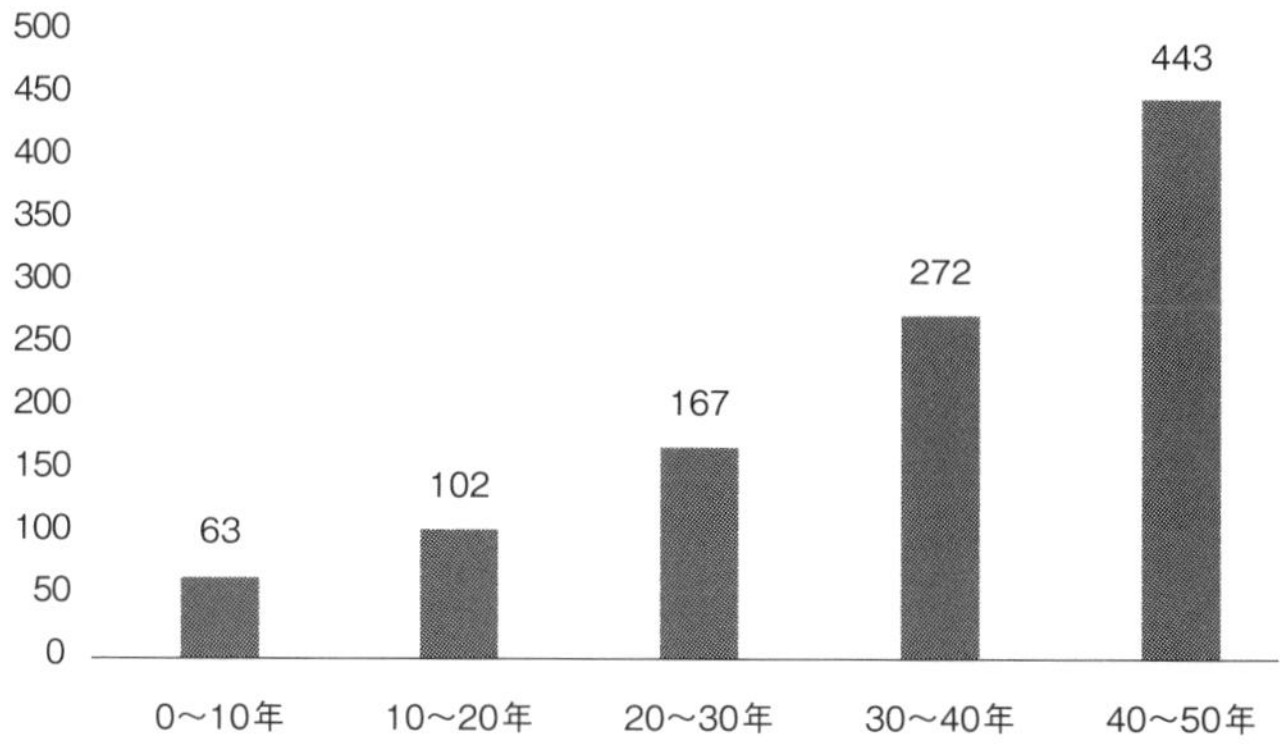

バークシャーの見えにくいパワーと経営者バフェットの真の姿

バークシャー・ハサウェイだからこそできる投資手法や、バフェット独特の経営哲学による統治がもたらす効果があることは確かだ。我々がそれを100%見習おうとしても不可能なこと、あるいは不必要なことであるが、バークシャーやバフェットの周辺情報として習得しておくことは、決して無駄ではない。これらは一段と深みを増す情報といえよう。

①フロートを通じたレバレッジ

アメリカでのリサーチ*によると、バークシャーの驚異的なパフォーマンスの背景に、借り入れによる梃子《てこ》の効果（レバレッジ）を利かせていることが挙げられている。

バークシャー傘下企業には、ガイコ、バークシャー・ハサウェイ保険、再保険会社、ナショナル・インデムニティなどの保険会社がある。この保険料収入は、いずれ将来保険金支払いに使われるか、利益として残ることになるのだが、支払われるまでの期間はかなり長くなる。

その間はお金が滞留するフロート（Float）と呼ばれるのだが、そのお金をバフェットはアメリカ政府短期証券レートより低金利、あるいはマイナス金利（保険金を支払わなくて済み、保険引き受け利益が出る場合）で借り入れて、運用に充てている。

また、バークシャーのＡＡの高い格付けで、有利な借り入れもできる。これらの資金を活用して、バークシャーがレバレッジ運用をしているという訳だ。そのレバレッジの比率は１・６：１程度と見られる。これはたとえば１０００万円の現金で借入も加えて、１６００万円投資しているという形だ。

このリサーチによると、借入から投資している部分の36％がこのフロートによるものとしている。このレバレッジ運用がないと、バークシャーがこれほどの驚異的なパフォーマンスを上げることは不可能だったといわれている。

レバレッジをかけながら、短期でリスクの高い投資をするのではなく、バフェットの選択眼にかなった利益率が高く、利益が伸び続け、比較的安全で株主還元がよく、質の高い株や企業に長期投資するところに、バークシャーのすばらしい投資パフォーマンスの秘密があるのだ。

＊Buffett's Alpha by A.Frazzini, D. Kabiller, L.Perdersen drafted in 2013

②バフェットの役割とバークシャー・カルチャー

バフェットは、バークシャーでの自らの役割を「1つは、傘下企業内での適切な資本配分。もう1つは、傘下企業の役員・社員に意欲をもって仕事に励んでもらえるようにすること」といっている。

これは大変明確なメッセージで、とても重要なことを示唆している。

資産運用で、資産配分は運用成果の90%以上を決めるといわれるほど重要な要素だが、それが企業経営でも当てはまるのだ。

すなわち、バークシャー傘下企業の、どの企業から資本を吸い上げ、どの企業に注入するかは、傘下企業全体の成果の最大化に重要な役割を果たすのだ。バフェットはまさに、ここに卓越した経営者なのだ。

もう1つの「意欲をもって仕事に励んでもらえるようにすること」も、非常に重要な意味がある。バフェットは、役員・社員に意欲をもって仕事に励んでもらえるようにするために、きわめてわかりやすい報酬制度を作っている。すなわち、誰もが納得できる仕組みということだ。それは、担当分野での業績達成度だけによる制度だ。バークシャーの株価が上がったからボーナスが上がるとか、バークシャー全体の業績が下がったから、報酬が下がるということはない。

バークシャーの株価が上がろうが下がろうが、横ばいだろうが、その事業部門のパフォーマンスがよければ報われるべきと考えている。全体平均のパフォーマンスには、特別の報酬を与えるべきではない。また、グループ他社の業績も関係ない。階層制ではなく、職能が低い若い人でも年上の人より報酬が多くなることもあり、規模の小さい会社のマネージャーが規模の大きい会社のマネージャーより報酬が多いこともある。ボーナスには上限がなく、大変大きな報酬にもなり得るとのことだ。

このように大変わかりやすい報酬制度なので、誰からも不満が出ない。むしろ目指す目標達成に集中できる訳だ。

また、バフェットは傘下企業の役員・社員に、高潔さや誠実さを求める。傘下企業のトップ宛に2年に一度バフェットが送る〝メモ〟には、次のように書かれている。

「お金を失うことはかまわない、いくらたくさんのお金でも。しかし、評判を失うことは受け入れられない、ほんの少しの評判でも」

こうしたバフェットのバークシャー統治により、傘下企業の役員・社員は、最大限の権限委譲を受け、やる気をもって事業に打ち込め、また風通しのいい企業運営が可能なため、自由闊達な社風になる。そして、社会からも広く受け入れられるのだ。

③バフェットだからできる、高いパフォーマンスを生み出す方法

バフェットがこれだけの投資パフォーマンスを上げてきた背景には、複利効果を最大限に利かせたことにあるのだが、それが経営面でも遺憾なく発揮されていることを示す叙述を紹介しよう。これが、大変重要なポイントである。卓越した8人のアメリカの経営者について書かれた、ウィリアム・ソーンダイク著『The Outsiders』から引用する。

「バフェットは優秀な人物とビジネスとの長期の関係を発展させ、不必要な人事異動・事業売却を避けることが核となるという世界観を発展させた。不必要な人事異動・事業売却は、長期の価値形成のエッセンスである経済的複利効果を減殺してしまう」

「実際にバフェットは、大きな目標が『回転率の減少』であり、経営者／投資家／哲学者として最もふさわしい。バークシャーの多くの因習にとらわれない方針はすべて、経営者であろうと投資家、株主であろうと、ベストの人物や事業を選び、財務的、人事的コストの大幅な変動を抑えることなのだ。……これがきわめて大きな経済的リターンへの道程であるだけでなく、人生においても、最もバランスがとれた方法なのだ。バフェットやマンガーが示す多くの教訓の中で、これらの長期の関係というものが最も重要であろう」

このように、バフェットの投資手法のみならず、バークシャーの経営、株主に至るまで、できる限り回転率を抑えて、複利効果を最大化させるように仕向けているのだ。この手法は、株式投資のみならず、生き方、仕事の取り組み方など、多くの面で押さえておくべき要諦だろうと、私は見ている。

④買収した会社へのスタンス

買収した企業の経営には、バフェットは一切口を出さない。というより、買収企業の経営については、バフェットはわからないのだ。放棄したに近いとまでいっている。必然的に徹底された分権経営ということだ。買収したときの経営者に引き続き経営してもらうことが、バフェットにとっては大事になる。

そのため、買収される側も、引き続き経営ができるので、安心して買収される。また、上場企業に付き物の投資家・アナリスト対応や決算説明などに時間を割かずに、経営に集中できるメリットを感じるという。

バフェットは買収する会社の経営者について、こう話している。

「経営者は、金儲けのためでなく、仕事が好きだからやっている経営者がいい」

バフェットの失敗／引き際

投資の神様といわれるバフェットでも、数多くの失敗をしてきていると聞くと、驚く人も多いだろう。

バフェットはこういう。

「私は、投資で失敗をしてきた。たくさんの失敗だ」

実際に数多くの失敗をしている。それでもバフェットが偉大なのは、失敗を率直に認めることだ。認めなければ、教訓にはならない。我々もバフェットが失敗と認めた事例を参考に、こうした失敗をしないように心がけるということが大切な心構えといえよう。

一方で、「最も望ましい保有期間は永久」というバフェットでも、持っている株を売るときもある。では、どういうときに売却するのか。

バフェットは、投資する銘柄を選ぶときは、「10年、20年持つつもりで買う」ということは、先に述べた。したがって、持っている間にどんなに上がっても、その会社が伸び続けると考える間は、株を売らない。売るときは、基本的に買ったときのシナリオが狂ったと判断したときだ。いわば失敗したということである。こういった事例も、実は数多くある。

①バークシャー買収は、失敗だった

バフェットは、「最も愚かな株への投資は、バークシャー株だった」といっている。

1962年にバフェットはバークシャーに投資した。事業はうまくいっていなかったが、工場が閉鎖されれば、少しは利益がとれると考えたのだ。

投資の師ベンジャミン・グレアムの割安株投資の影響を強く受け、「道端に棄てられているたばこでも2、3口は吸えるから拾って吸う」という「シガー・バット」といわれる手法によって投資した。

その後、バークシャーに合意した価格で株を引きとってもらうことになったが、会社は約束に反して、引きとる価格を下げてきた。怒ったバフェットは、悔し紛れにバークシャーを買収してしまったのだ。そして、経営陣をクビにし、それから1985年までの20年間、繊維事業を続けるのだが、結局は閉鎖することを余儀なくされた。

バフェットは、この〝復讐〟は2000億ドルの損失に値するといっている。投資判断はあくまでも感情に流されずに、冷静にやらなければならないことを、痛い思いをして学んだ訳である。

②バークシャー株をタダ同然で渡してしまったような失敗

さらに痛い思いをしたのが、1993年のデクスター・シューズの買収である。バフェットは、この買収を大変痛い失敗だったと告白している。

デクスター・シューズのブランドは競争優位を持っていると判断したバフェットは4億3300万ドルで買収し、2万5203株のバークシャーA株を発行して、デクスター・シューズの株主に割り当てた。

ところが、デクスター・シューズの経営は、中国などの安値品に圧され、数年後に傾いてしまい、発行したバークシャー株は、ただ同然で渡したようなものになってしまったのだ。

これだけでは終わらなかった。

バークシャー株を買収に使ったことで、その過ちは途方もなく膨らんだと、2007年の「株主への手紙」でバフェットは告白している。

その損失は4億ドルどころではなく、その後、バークシャー株が上昇したことにより、買収のために発行した株数を、今のバークシャーの価値68億ドルで換算すると（2017年9月15日）、途方もない損失になったのだ。

ここでの教訓は、これからもずっと生き続けるブランドであればよいが、そのブランドを高く評価する確固とした根拠がなければ、投資をやめておいたほうがいいということ。そして、自社の株を買収に充てることは、よほど注意が必要ということだ。

③ウォルマート投資で2回失敗

ウォルマートへの投資で、2回の失敗を告白している。

1回めは消極的な意思決定による失敗だ。すなわち、買わなかったことによる失敗である。これも、非常に高くついた。2004年の株主総会でバフェットはこういっている。

「ウォルマートを1億株買うつもりで、23ドル（1999年　1／2分割前の株価）で指値を入れた。少し買ったところで、ちょっと上がったので、買うのをやめた。多分また下がると思ったからだろう。そんなこと、誰もわからない。この『指をくわえた』のが間違いで、100億ドルの利益をとりそこなった」

本当にいいと思ったら、迷わないで、勇気をもって思い切って行くとバフェットはよくいうが、それはまさに、自分自身の実体験からきているのだ。

一度買い逃したウォルマートを2006年から買い始め、2014年には6770万株、約38億ドル（2・1％）を保有するまでになったが、2016年に140万株ほど残して、ほとんどを手放した。その理由をバフェットは次のようにいっている。

「小売は私にとって、難しすぎる。1966年にボルティモアのデパートを買ったが失敗、英国のスーパー、テスコも買ったが失敗だった。オンラインショッピングが、さらに難しくしている。アマゾンの吸引力は強力だ。アマゾンが成し遂げたことは驚異的だ。アマゾンのトップ、ジェフ・ベゾスはすばらしい経営者だ。ウォルマートも対抗して、オンラインショップで手を打っているし、あらゆる力を持っているが、私はもっと楽なゲームをすることに決めた」

ちなみにバフェットは、アマゾンのトップ、ジェフ・ベゾスを「私が見てきた中で、最も優れた経営者だ」といっている。

④コノコフィリップスの損切り

バフェットは2008年、年次報告書の株主への手紙で、次のようにいっている。

「1つの重大な誤りとやや軽いいくつかの間違いをした。新たな事実が現れたときに、本当は自分の考えを見直して、素早くアクションを起こすべきだったのに、指をくわえて見ていた間違いも犯した」

そして、次のようにいっている。

「最も大きな誤りは、マンガーやほかの人に相談しないで決めた、（2007年）原油・ガス価格がほぼピークのときのコノコフィリップスの買いだ。

私は、2008年の後半に起きたエネルギー価格の暴落をまったく予想できなかった。いずれ上がるとは思うが、これまではまったく間違いだ。このコノコフィリップスの買いは、何十億ドルもの損失をもたらした」

2008年の年次報告書には、総合石油エネルギー企業であるコノコフィリップスを約8500

万株（保有比率5・7％）、70億ドルで買い付け、2008年末の時価が44億ドルと記載されていて、26億ドルの評価損となっていた。そして、2009年に、持ち株のほとんどを損切りした。

このコノコフィリップスへの投資でバフェットが見落としたのは、会社のクオリティとは別に、コモディティであるエネルギー価格の循環的変動性だった。

⑤初のハイテク株投資、IBM株を一部売却

2011年から買い始めたIBM。バフェットがIBMに投資したことが判明したとき、「これまでわからない分野は買わないとして、IT企業を買わなかったのにどうしてIBMを買ったのか」と問われ、バフェットは「IBMはキャッシュを潤沢に生み出すすばらしい企業だ。経営陣も優秀だ。私は50年間IBMの年次報告書を読んでいる」といっていた。

バークシャーは2016年末には、8100万株（保有比率8・5％）を保有するIBMの筆頭株主だった。およそ138億ドルを投じ、2016年末のバークシャー保有株の中で、投資額として最大の銘柄だった。

バフェットはそのIBMのおよそ1／3を2017年に入り売却した。どうして売ったのか。バフェットはこう答えている。

「IBMはもう少し早く事業構造改革を進ませると踏んでいたが、私やIBMの経営陣が期待したように運んでいない。IBMは強い会社だ。しかし、大きな強い敵もいる。そのため、一部売却し

た。損はしていない。ときには失敗をするが、それがのちに役に立つ。打率10割はあり得ない」

実際、ＩＢＭの売上は２０１７年第２四半期まで21四半期連続の減収となっている。ＡＩ分野でワトソンが伸びているが、クラウドの分野では、45％の圧倒的なシェアのアマゾンや２位のマイクロソフトの後塵を拝している。

バフェットがいう「大きな強い敵」とは、紛れもなくアマゾンだ。

バフェットは２０１６年の株主への手紙の中でこう話している。

「市場株式で長期保有している株式のうち、先が見えうる限り売るつもりがない株式があることは本当だが、どの市場株式も永久に保有するとはコミットしていない。買収した会社は売らないといっているが、市場株式はそうではない」

⑥アマゾンやアルファベットに投資しなかったことを悔やむ

バフェットがアマゾンやアルファベット（グーグルの親会社）に投資しなかったことについても、２０１７年の株主総会で、次のようにいっている。

「将来を予測することはますます難しくなっている。有形資産を多くもたないアップル、マイクロソフト、アマゾン、アルファベット（グーグルの親会社）、フェイスブックの合計時価総額は２・５兆ドルにのぼり、全米企業の時価総額の10％にも及ぶ。彼らは資本を必要としない。アイディアで

すべての投資で成功する必要はない

	1年	2年	3年	4年	5年
A社	100	80	60	40	20
B社	100	105	95	110	110
C社	100	200	350	600	1050
計	300	385	505	750	1180

勝負している。こういった変化は見逃しがちだ。アマゾンやグーグルには投資しそこなった。新しいテクノロジーの企業で勝つ企業を見つけ出すのは難しい。アマゾンのジェフ・ベゾスはすばらしい経営者だ。イー・コマースとクラウドサービスをゼロから誰も太刀打ちできない規模にまでした。ここまで成功するとは思わなかった」

しかし、これまでずっと売上を優先し、利益を上げなかったアマゾンを、株価収益率（ＰＥＲ）が１００倍になるような割高な株価で、バフェットが投資したとはとても思えないのだ。

バフェットは今でも学び続けているのだが、それは失敗を糧にするということでもある。そこに、87歳になっても進歩している源がある。進歩することによって、失敗を少なくし、成功を多くしていく努力を絶え間なく続けているのだ。バフェットは失敗から学び、進歩し続けている。

このことは、どの世代の人間もバフェットから学ぶべきことだ。

⑦なぜ失敗しても、これだけのパフォーマンスが得られるのか

このように、投資の神様、バフェットでも多くの失敗をしてきている。そこから我々が学べることは、バフェットでさえ、我々と同じような失敗をしているのだから、投資で失敗することは、当たり前のことということだ。

大事なのは、その失敗の原因をしっかりつかみ、あとの投資に生かすことだ。

また、将来は未知であり、株式投資での失敗は避けて通れないと見るのが妥当だろう。そうした中で、いかに失敗の数を少なくして、さらに成功した場合の成果をより大きいものにするかに、投資の成否はかかっているといってよい。まさにバフェットの驚異的なパフォーマンスは、そこにあるといえる。

表にすれば、こんな具合だ。

A社のように大きく下がってしまい、結果として失敗の投資はある。またB社のように、大したパフォーマンスを上げられない株もある。

しかし、C社のような会社があれば、十分に埋め合わせることができ、パフォーマンスを牽引していくのだ。すべての投資で成功する必要はなく、いくつかの銘柄に投資していれば、なかにはC社のような成果を上げる会社が必ず登場してくる。

第二章

バフェットの投資哲学の成り立ちとその変化

その投資哲学はいかにして形成されていったのか

バフェットは、幼少期にはすでに自分が好きなこと、すなわちお金を稼ぐことを始めている。9歳のときには、地元図書館のファイナンスの本は全部読んだという。初めての株式投資は11歳のときだ。

このように、自分が好きなことを早く見つけて、始めることが大事だとバフェットはいう。その後、バフェットは、投資の師匠であるベンジャミン・グレアムに出会い、投資哲学の礎を学んだ。バフェットの知識欲は旺盛で、いろいろな人に会って、質問をし吸収していった。保険会社に興味を持ち、閉まっている土曜日にガイコを訪ね、のちに社長になる幹部に4時間も質問をしている。この幹部は、「バフェットはただものではない」と感じたという。

ここで紹介するフィリップ・フィッシャーにも、その著作を読み、会いに行っている。あとで述べるが、バフェットは「学び続ける器械」であり、とにかく知ることに対して尋常ではないくらい貪欲だ。

60年以上の投資人生の中で、バフェットの投資手法は進化し続けている。マンガーは「バフェットの投資スキルは、人々がリタイアする年頃の65歳以降になって、さらによくなってきた」と話す。

ここで、幼少期の投資、バフェットの投資哲学に大きな影響を与えた人物、グレアム、フィッシャー、マンガーとその哲学を紹介する。

なお、バフェットの名言とともに、この3人の名言を、巻末の【参考情報】で紹介している。

①幼少期の投資経験・初めての株式投資で失敗

11歳のとき、バフェットは初めて株に投資した。

姉といっしょに、総合石油会社のシティーズ・サービスの優先株3株を、貯めた120ドルから114・75ドルを出して買ったのだ（株価38・25ドル）。

買った理由は、証券ブローカーの父がよく客に勧めていたからで、それほど会社を理解していた訳ではなかった。ところが、その後3割も下がり、姉からは学校に行く道すがら毎日株が下がっていることを責められ、姉にせっつかれたこともあり、価格が回復したところでわずかな利益で売ったのだ。

ところが、その後、株価が急上昇して202ドルになったのを呆然と見ていることとなった。

バフェットはこの失敗を人生で最も重要なものの1つだといっている。ここで、バフェットは3つの教訓を学んだという。

1つめは、過度に買った値段に縛られないこと。

2つめは、小さな利益を、ろくに考えもしないで確保しないこと。貯めた120ドルは、6歳のときから5年かけてつくったお金とのことだ。待っていれば得られた利益491ドルをこれから稼ぐには、さらに何年もかかると思うと、絶対にこの過ちは忘れないと決めたのだ。

3つめは、他人のお金を投資することについてだ。もし他人のお金の投資で誤ったら、その人を動揺させてしまう。だから、成功するという確信がなければ、他人のお金に責任を持たないということを学んだ。

②ベンジャミン・グレアムとの出会い

バフェットに多大な影響を与えた師匠、ベンジャミン・グレアムは、割安株投資の父と呼ばれる人物だ。

1934年発刊の『証券分析(Security Analysis)』で、企業財務分析の重要性を唱え、本来の企業価値より株価が割安になっている株に投資することを提唱した。この書は、企業分析や株価判断について初めて精緻に記述した本といわれる。

バフェット自身がこれまでに書かれた投資本の中でベストの書と評する、グレアムの著書『賢明な投資家(The Intelligent Investor)』を、バフェットは19歳のときに読み、この本から割安株投資の精髄を学んだ。

グレアムは、株式投資に目を開かせてくれた最大の恩人とバフェットにいわしめる人物だ。『賢明なる投資家』の前書きで、バフェットはグレアムについて、ファイナンシャル・アナリスト・ジャーナルに掲載した追悼文の結びを紹介している。

「ウォルター・リップマン（アメリカのジャーナリスト）が、のちの人がその下に日陰を求めて座る木を植えた人のことを話していた。グレアムはそういう人である」

また、あとがきでバフェットは、「グレアムの割安株投資法を実践することによって、いかに彼の門下生が株式市場で目を見張る成功を収めてきたことか、そしてこれからも成功を収め続けるだろう」と述べている。

それほど、バフェットにとって、投資の大きな柱となっている手法なのだ。

グレアムは、株式投資には投資と投機があることを主張した。

「投資行為は、徹底した分析のもと、元本の安全と十分なリターンを約束するものだ。これらの条件に合わないものは、投機だ」

また、株式を保有する投資家は、ビジネスの一部を保有していると認識すべきことを説く。その考えの下で、投資家は日々の値動きにとらわれるべきではないという。なぜなら、株価は、目先では投票器械のように、長期では重量計（真の価値は長期では株価に現れる）のように動くからだという。

また、投資家を防衛的投資家と攻撃的投資家に区別し、一般的な投資家は防衛的投資家であるべきだとする。防衛的投資家は用心深く、割安株を探し、長期で投資するという。グレアムの有名な表現に、「ミスターマーケット」という表現がある。ミスターマーケットは投資家に、毎日いつも動く株価を見せに来る。通常はもっともらしい価格に見えるが、ときにはばかげた価格のこともある。投資家はその価格で買うか、無視するかは自由だ。だからミスターマーケットは気にしない。また翌日、違う価格を持って来る。

ここで大事なことは、投資家はその価格を、価値を正確に反映したものと見るべきではないということだ。そして、グレアムは結論づける。

「投資家はミスターマーケットの気まぐれな振る舞いにとらわれるべきではなく、投資している会社の事業活動や業績に目を集中させ、配当をもらうことが一番いい」

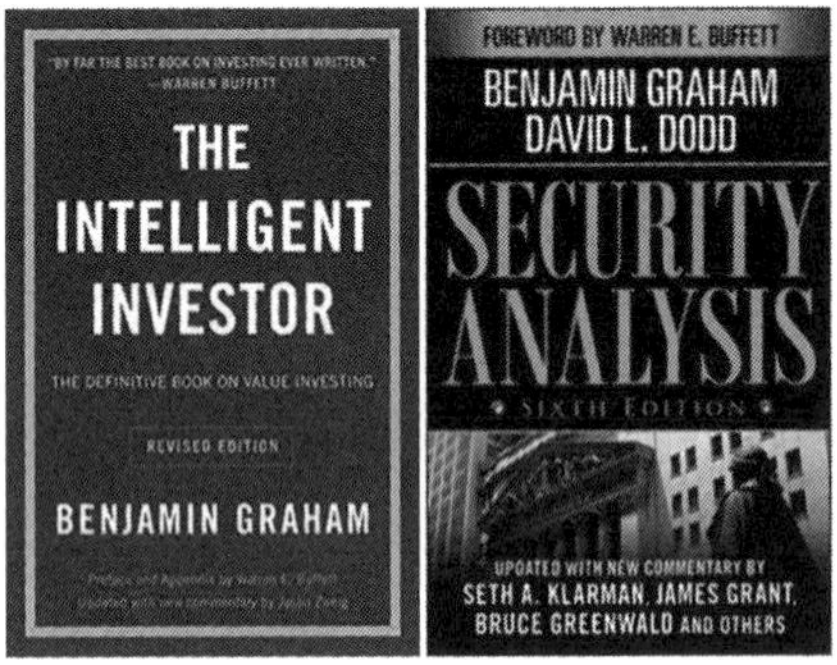

『証券分析』(右)、『賢明な投資家』(左)

グレアムの割安株投資は、本質の企業価値から株価が割安になっている株式、「安全域」(Margin of Safety)が十分にある株式に投資するというやり方だ。そして、いずれその割安状態は解消され、本来の価値に株価は戻って、利益がとれると見る訳だ。この安全域という考え方は、バフェットが投資の旨としている考え方だ(安全域については63ページ参照)。

③フィリップ・フィッシャーとの出会い

フィッシャーは、バフェットをして「私の頭脳の85％はグレアムで、15％はフィッシャーでできている」といわしめるほどの人物である。

バフェットの輝かしい投資成果は、フィッシャーの成長株投資と集中投資の方法を学んだことが大きい。グレアムから学んだ割安株投資だけでは、実現できなかったといわれている。

バフェットはフィッシャーの『「超」成長株投資』（Common Stocks and Uncommon Profits）を読み、フィッシャーに会いに行った。そして、のちにこう述懐している。

「私はフィッシャーと彼の考え方に、感銘を受けた。フィッシャーのテクニックを使って、ビジネスを完璧に理解すれば、インテリジェントな投資を確実に行うことができる」

１９２８年に投資の世界に入ったフィッシャーは、「１９２９年秋のお祭り騒ぎと大恐慌を特等席で見た」といっている。１９３１年には、運用会社を設立し、91歳の１９９９年まで現役だった。

第２次世界大戦に従軍し、任務の合間に、過去の自分と投資家の成功例と失敗例を徹底的に分析し続け、これまで投資業界で受け入れられていた投資原則と異なる基本原則をつかんだという。

『「超」成長株投資』

フィッシャーは、研究開発による革新的テクノロジーを持つ会社に投資した。その投資スタンスは、優れた会社を株価が安いときに買い、長く持つということ。その代表的な投資が、１９５５年に買った、当時ラジオ製作会社だったモトローラだ。この株は２００４年に96歳で死ぬまで持っていたという。

フィッシャーの有名な投資手法に、スカトルバット（大樽）手法がある。その手法は、特定の会社や業種のあらゆる利害関係者や関係者に質問したり、問い合わせをしたりするものだ。

原料供給側、販売会社、顧客、競合会社、業界の協会、大学の研究機関、監督官庁、過去の従業員などに、企業探求の貴重な情報ソースとして、質問することにより、見えにくく質の高い情報が得られるという。フィッシャーの息子で、現在、投資運用会社を経営しているケン・フィッシャーは父に連れられて、数百社の会社を訪問したといっている。

実際にバフェットがこの手法によって、投資を行ったことがよくわかるのが、２０１６年から２０１７年にかけてのアップルへの投資だ。バフェットは、ひ孫の友達たち10人以上を傘下企業のアイス・キャンディーチェーン、デイリークイーンに集めて、ｉＰｈｏｎｅをどう使っているか、ｉＰｈｏｎｅがないとどうするか、買い換えるとしたらどうするかなど、さまざまな質問をした。そこで、信じられないほどのｉＰｈｏｎｅへの執着度があることがわかったという。

非常に高いブランド・ロイヤリティに、こうして投資の価値を見出した訳だ。こうして、フィッシャーのスカトルバット手法を活用して、200億ドルの投資を決断した。

④チャーリー・マンガーとの出会い

バフェットとマンガーのつながりは長い。1959年に共通の友人の紹介で、知り合った。そのあと、マンガーは妻に、「あの男はすごい人物だ」とバフェットのことを評している。オハマが同郷の2人だが、マンガーはハーバード・ロー・スクールを卒業し、カリフォルニア、ロサンゼルスで弁護士業を営んだ。

現在も、会員制低価格倉庫型ストアのコストコ・ホールセールの取締役だ。バフェットとマンガーの付き合いは60年になろうとする。バフェットは何かにつけ、マンガーに相談する。カリフォルニアにいるマンガーに、電話で投資案件をこんこんと説得する姿は、微笑ましいかぎりだ。バフェットによれば、マンガーと議論はするが、いい合いになったり、いさかいになったりしたことはないという。バフェットにとって、マンガーの存在は最も大切な宝物といってもよいのだろう。

マンガーは、バフェットの投資スタンスにも大きな影響を与えた。シガー・バットといわれる、ただのように安い株を買えば、少しでも株価が戻れば利益がとれるという手法を使っていたバフェットに、「質のいい会社」を買うことの重要性を知らしめたのだ。その最初のケースがシーズキャンディだ。

マンガーの学び続ける姿勢には、我々は大いに学ぶところが多い。マンガーが写っている写真には、旅行をしているときでも、どこでも、必ず本を読んでいるか、本を持っている姿がある。マンガーは「読む器械」といわれている。マンガーのひ孫にいわせると、マンガーの姿は「本の下に脚が2本ついている」そうだ。マンガーがよく口にする言葉に、「無知の排除（Ignorance Removal）」がある。

本を読み、さまざまな分野のことを学ぶことで、知らなかったことをなくしていくということだ。投資においても、これがとても大切なことだとマンガーはいう。マンガーは「93歳になった今でも、知らないことが多いので、勉強し続けている。人間、勉強しなくなったら終わりだ」という。

マンガーは、バフェットをこう評す。

「バフェットは、今でも進歩し続けている。止まることがない学ぶマシーンだ」

マンガーのすべてが書かれている『プア・チャーリーズ・アルマナック』（マンガーが崇拝するべンジャミン・フランクリンの著書『プア・リチャーズ・アルマナック』をもじったタイトル）は、百科事典のような大書だが、一読に値する。

ここで、マンガーの思考法を紹介しよう。

まずは、学際的アプローチ法（Multidisciplinary Approach）だ。

「あらゆる方面、あらゆる分野について、学ぶ」という手法だ。マンガーは哲学、歴史、数学、物理、生物、化学、エンジニアリング、心理など、あらゆることを学ぶ必要があるというのだ。専門家になるほどの知識は必要ない。入門の部分だけ理解すればいいという。その中で、ベストの大きなアイディアを吸収する。こうして分野、分野の境界をなくせという。1つの分野だけの見方から判断すると、狭い偏った判断になる。

弁護士は法律の世界に、医者は医学の世界にとどまりがちだ。

マンガーはいう。

「ハンマーを持った男には、何事も釘に見える」

またこうもいう。

『プア・チャーリーズ・アルマナック』

「あることのアドバイザーがあなたを陥れるのは意識して行う悪事ではなく、無意識のバイアスだ」

そうならないようにして、正しい判断をできるように、各分野の境界をなくすのだ。そして、次の段階では、それらの知識を統合して、自身のいくつかの考察モデル（マンガーは100ほど持つという）を持つことを強く勧める。

マンガーはこういう。

「複数の要因がほぼすべてのシステムを形作るように、複数の考察モデルを頻繁に活用して、それらのシステムを理解できるようになる」

そして、投資においては、これらのモデルを活用することで、複雑な投資の問題点が発する混沌を減らし、明確なファンダメンタルのセットに作り直すことが可能になるという。

マンガーは、特に重要な考察モデルとして、エンジニアリングの過剰／バックアップモデル、数学の複利モデル、物理や化学の休止点／活性点の自触媒モデル、生物学のダーウィン統合モデル、心理学の認識誤認モデルを挙げている。

いくつかのモデルが合わさってお互いに織り成す効果（Lollapalooza Effect）を生む。マンガーによれば、そのとき、各モデルの結果がすべて同じ方向に向いている。それは、核爆発の臨界点のように、物理学でのクリティカル・マスに当たるという。

このような分析によっても、互いのモデルが相容れず、必ずしも求められる結果にならないこともある。そのときトレード・オフ（諸条件を考慮してバランスをとる）しなくてはならないことを受け入れなければ、その人は馬の尻と同じ（いつまでも自分の尻を見て、ぐるぐる回っているということ）だという。

そして、こう強調する。

「モデルを持たなければならない。そして、モデルの関連性と関連性から来る効果を見なければならない。異なる会社には異なるチェックリストと異なる心理モデルが必要だ。〝3つの要素がある〟

などという簡単なことではない」

マンガーの投資手法は、確かに誰もができるやり方ではないかもしれないが、ある面で、投資というものは、多くの要素が絡み合ったもので、根源的にはこのような分析の手法が最も原点に立ち返ったやり方という見方ができる。

マンガー自身も「そんなに難しいことではないのだが、幸いにも、人があまりやらないから、我々は成功している」という。

93歳のマンガーが、今も学び続けているのである。しかも、頭脳はますます鮮明で、身体もしっかりしている。我々は、まさに年をとったなどといっていられない。年をとることと、頭脳が明断でなくなることがまったく関係ないことは、マンガーを見れば明らかである。

むしろ年をとればとるほど、思考力や判断力は進歩していくといってもよいだろう。人は「年をとると、忘れやすくなったり、物覚えが遅くなったりしてくる」とよくいうが、それはマンガーからすれば、お話にならず、自らに悪い暗示にかけているようなものなのだ。

ウォール・ストリート・ジャーナル日本語版２０１４年12月２日に掲載されたアメリカでの研究によれば、人生は年をとるごとに、たくさんの面でよくなっていくことを示している。高齢者は感情や人間性が年をとるほど向上し、友情がますます緊密になっていき、専門性は深化し、それがさらに生産性や創造性を高める。また、多面的な観点から問題を解決する知恵は、年を重ねるにつれて優れてくるという。バフェットとマンガーを見ていると、驚くほどぴったり当てはまる。

　また、マンガーは正直で高潔な人生を送っていることは確かだ。マンガーによれば、よき倫理はよきビジネスなのだ。誠実に仕事をしていれば、人は見ていて、必ず評価してくれる。自分自身も気持ちよく仕事ができ、さまざまなよい発想も生まれてくる。そして、仕事に好循環が生まれる。このように何事にも臨んでいれば、持続性を確保でき、そして、偶然性を少なくできることをマンガーは説いている。

　また、忍耐について、大変興味深いことを、最近の座談会でマンガーは語っている。以下はマンガーの述懐だ。

「私は、バロンズ（アメリカの有力投資誌）を50年読んでいる。そして、バロンズの中から、1つの投資機会を見つけた。そして、その投資はほとんどリスクがなく、8000万ドルの利益を得た。その8000万ドルを友人のファンドマネージャーに運用してもらったら、4億ドルにしてくれた。だから、私はバロンズを50年読んで、その中のたった1つのアイディアにしたがって、4億ドルを得たということだ。私はそれほど簡単に見つけた訳ではない。しかしそれに食いついた」

　マンガーは、50年バロンズを読んで、初めて投資機会を見つけたというのだ。信じられないほどの忍耐を示している。ちなみに、フォーチュンは60年読んでいるが、まだそこからは投資機会を得ていないそうだ。この「待つ」という姿勢は、忍耐がいるものだ。なかなか「待てない」のが人間だ。このエピソードは、投資においてかなり説得力がある。

以前より重視しなくなった哲学とより重視している哲学

バフェットは投資開眼の師、ベンジャミン・グレアムから「割安株投資」について学び、実践してきた。そして、それは、もちろん今でも実践している。しかしながら、何でも安ければいいという訳ではないことも、幾度も投資に失敗しながら、学んできた。その失敗の最たる例が、バークシャーの買収そのものである。

その失敗は、日本語でいえば、「安物買いの銭失い」というところだ。英語だと「バリュー・トラップ」、割安株投資の罠だ。安いと思って買ったが、企業体質や事業内容に問題があり、さらにずるずる株価が下がってしまうというものだ。バフェットはこの手法で、数多くの失敗をしてきている。バフェットがいみじくも、もっと早くそれに気がつけばよかったといっているほどである。

その後、バフェットが「ブランド価値」について学んだのは、シーズキャンディの買収のときである。これまでキャンディ会社は価格が高いとして、バフェットは興味を示さなかったのだが、この案件でマンガーにアドバイスを求めた。マンガーはシーズの知名度の高さ、評判、トレードマークの高い価値、そして、なによりお客の高いロイヤリティ（商品への忠実度）について、熱心にバフェットに説いた。バフェットは、ライバルより高くても売れる強い価格設定力にも魅力を感じたという。そして、3000万ドルの申し入れに対し、交渉の上2500万ドルで買収した。このシーズキャンディの買収が、バフェットの投資スタイルでの大きな転換事例となり、バフェットの投資スキルは進化し、その後、コカ・コーラ株の大量買い付けにつながることとなる。

バフェットに「私の頭の85％はグレアムで、15％はフィッシャーでできている」といわせたフィッシャーの投資手法も、バフェットの投資手法が変わってきた大きな要因だ（フィッシャーの投資手法については93ページを参照）。

必ずしも、株価が割安な会社がいい投資対象ではなく、成長を続けていける会社であれば、多少割高でも十分投資対象になるということを学んだ。成長が続けば、株価が追いついてきて、割高感が消えていくからだ。

またバフェットは、フィッシャーからスカトルバット（大樽）法という調査方法を学んだ。企業トップ、ライバル企業や取引先まで含めた、さまざまな関係者へのヒアリング、マーケット・サーベイ、研究・開発、営業戦略など多面的に渡って徹底して調査する方法だ。近年は、このフィッシャーの手法が以前より重きを増しているように見える。

2000年代に入り、ガイコなど保険会社の規模が大きくなってくると、保険料収入が「フロート」として積み上がり、投資待機資金が巨額になってくる。そうなると、少しの金額では全体の投資パフォーマンスに響かなくなり、投資単位が100億ドル単位に膨らんでくる。

産業器械・マーモンの92億ドルでの買収、リーマンショック時のゴールドマン・サックス、2011年のバンク・オブ・アメリカへの各々50億ドルの投資、BNSF（バーリントン・ノーザン・サンタフェ鉄道）の263億ドルでの買収、プレシジョン・キャストパーツの323億ドルでの買収、3Gキャピタルと共同でハインツの280億でのドル買収、IBMへの138億ドルの投資、アップルへの200億ドルの投資といった具合だ。

2000年代に入ると、買収案件が市場株式投資より多くなり、1980年代は市場株式の比率が時価総額の3／4を占め、残りが傘下企業となっていたのが、現在ではそれが逆転し、市場株式が3割弱になっている。バークシャー52年の中で、前半の利回りは28・9％に対し、後半の利回りは14・9％になっている。これは、前半は市場株式への投資が多く、後半は買収案件が多くなっていることによるものだ。

バフェットは「投資規模が少ないときに比べ、なかなか際立った利益を上げることが難しくなっている」と述懐しているのも、投資規模が大きくなり、適当な投資案件が見つけられなくなっている背景がある。

そうしたなか、投資向け資金は1000億ドルにも積み上がり、その資金の行方に市場は注目している。バフェットは、適当な投資先がなければ「自社株買いや配当も選択肢の1つになるかもしれない」としている。以前に「魅力的な投資成果を上げる自信があるから、配当を出さない」といっていたのとは、今昔の感がある。

また、このように買収案件が多くなってくると、時価にプレミアム（20～30％程度）をつけて買収するので、必ずしも割安という観点が通らなくなってくる。その面で、株価が割安というより、経済的濠（モート）があり、10年、20年と成長する見通しがあり、経営陣が信頼できる会社という面が、投資判断に際して重視されるようになってきているといえよう。考え方としては、多少高くても、収益が堅調なら、あとから株価に業績が追いついてくるということだ。

バフェットは「自分の土俵をわきまえて投資しろ」と強調するが、バフェット自身が学び続けて、自分の土俵を広げる努力をずっと続けて、投資哲学も進化させているのだ。

では、バフェットの変わらない投資哲学とはなにか。

それは、バフェットの投資の根幹ともいえる。まずは株価ではなく、ビジネスを買うということだ。バフェットはバークシャーの株主をパートナーと呼び、株主はバークシャーのオーナーだと思ってほしいという。そして、10年、20年と長く持つつもりで投資することの重要性を強調する。目先の株価を読んで利益を得ようとしても絶対にうまくいかない。この投資哲学は、これからも変わることはない。

第四章

事例で見るバフェットの投資哲学

1　投資事例

バフェットの築き上げてきた投資哲学が、実際の投資事例でどのように用いられたかを見てみよう。各事例の最後に、該当するバフェットの投資哲学を示している。

事例1　アメリカン・エクスプレスのサラダオイル・スキャンダル

永久保有銘柄として現在も発行済株数の16・8％を保有しているアメリカン・エクスプレスは、1964年から持っている銘柄だ。その当時、アメリカン・エクスプレスはトラベラーズチェックとクレジットカードビジネスで急成長を遂げていた。トラベラーズチェックのシェアは60％で、クレジットカードビジネスでは紛れもないマーケットリーダーだった。

ところが、在庫の価値を証明することを業務とする子会社が、食用オイル会社にその会社が保有するサラダオイルを担保に巨額の資金を貸し付けていた。しかし、そのサラダオイルの中身はほとんどが海水で、上澄みほどしかなかったサラダオイルのタンクを、全部サラダオイルが入っていると評価して、1億7500万ドル（現在の価値で13億ドル）もの損害を被るサラダオイル詐欺に巻き込まれたのだ。それにより、親会社アメリカン・エクスプレスの業績悪化を懸念する売りから、アメリカン・エクスプレスの株価は半分になった。

34歳の若きバフェットは、株価が大幅に下がるなか、地元オマハのレストランで普段と変わらずにお客がアメックスカードを使っているのを冷静に見ていた。またどの銀行に行っても、アメリカン・エクスプレスのトラベラーズチェックがなんの滞りもなく受け入れられている。

「アメリカン・エクスプレスの本業は順調だ。アメックスブランドは必ず生き延びる。安くなった株価は、投資の絶好のチャンス」と判断し、1964年末までに、パートナーシップの資産の40％に当たる300万ドルの大量の買いをアメリカン・エクスプレスに入れたのである。

この大量買いは、バフェットにとって初めての買い方だった。この買いは大いに報いられ、1965年には350万ドルの利益を得て、株価は50ドル、60ドル、70ドルとその後も上昇した。

バフェットはこのとき、こういっている。

「つかんだ事実と理屈付けが極めて高い確率で正しく、投資価値を著しく変えてしまう可能性が極めて少ないという条件では、1つの銘柄に全資産の40％までは投資するだろう」

バフェットは、現代投資理論がいう「広く分散する」ことに大いに疑問を呈して、こう話す。

「〝分散〟は知らないということに対して、防御するものだ。自分が何をしているか知っている人には、意味がない」

該当するバフェットの投資哲学

・株価が本質価値より大幅に割安になったときに、買いを逃さない。

・利用者の行動や商品動向を観察し、真の状況をしっかり把握する。
・投資の成功を確信できたときは、思い切って資金をつぎ込む。

事例2　突如大株主として登場したワシントン・ポスト

もう1つ、壮年時のバフェットの投資を紹介しておこう。

ワシントン・ポストの大量買いだ。1972年に発覚したニクソン大統領のウォーターゲート事件はご存知だろうか。ニクソン大統領が辞任に追い込まれた巨大スキャンダルだ。実は、特ダネでウォーターゲート事件を暴いたのは、ワシントン・ポストだった。政権からの圧力と徹底的に戦い、真実を世に知らしめ続けたワシントン・ポストだが、一方で、そのころ株価は急落していたのだ。

1973年初めには、38ドルから16ドルまで下げた。10代の頃、ワシントン・ポストの新聞配達をして投資用のお金をせっせと貯めていたバフェットは、投資家にならなければ、ジャーナリストになっていたというくらい新聞好きだ。バフェットはいう。

「1973年央にそのときの企業価値の1／4程度の株価で、ワシントン・ポストの買いをすべて行った。証券アナリストであれば、誰でもその程度の価値評価のズレがあることはわかっていただろう。ただ、我々が有利であったのは、投資態度だ。我々がグレアムから学んだ投資の成功のカギは、本質価値から株価が大幅に安くなった、いいビジネスの株を買うことを学んだことだ」

ワシントン・ポストの財務内容を調べて、時価は本質価値より大幅に安くなっているのを見抜いたバフェットは、発行済株数の12%に相当する株式を1060万ドル投じて1973年央に買った。買ったあと1973年から1974年にかけて、さらに下がり続け、25%の評価損まで出した。

ワシントン・ポストのオーナー一族の女性社長、キャサリン・グラハムはバフェットから自社の株を買っていることを知らせる手紙を受け取り、パニックに陥るが、実際に2人が会うと意気投合し、バフェットはキャサリンのよき相談相手になり、ワシントン・ポストの取締役にも就任した。

下がり続ける株価に対して、キャサリンは、バフェットのアドバイスによる大規模な自社株買いで応じ、ビジネスでも劇的に業績を回復させ、本質価値が株価に追いついてきた。

「企業価値は上がり、1株利益は自社株買いで加速的に増え、本質価値との乖離が狭まり、株価は1株企業価値を上回って上がっていった」

とバフェットはいう。その後、持ち株会社グラハムホールディングスが出版事業に集中するため、グラハムホールディングスの傘下にあったワシントン・ポストは2013年に売りに出され、アマゾンのジェフ・ベゾスが買うこととなった。バークシャーは、28%を保有するグレアムホールディングズ株を手放すことにより、バークシャー株やフロリダのテレビ局、現金を合わせて受け取った評価額は7億3700万ドルといわれている。これが40年前の1060万ドルの投資に対するリターンだ。

該当するバフェットの投資哲学

・本質価値に比して株価が大幅に安くなった、いいビジネスの株を買う。

事例3　コカ・コーラの大量買い

バフェットは、ブラックマンデーの翌年1988年から1989年にかけて、マーケット全体が安くなる中、コカ・コーラを大量に買い付けた。

1989年末までに、コカ・コーラに当時バークシャーが保有する市場株式評価額の1／3に当たる10億ドル超を投資した。これはバークシャーの簿価評価の25％にあたる額だ。保有株比率は当時6・2％に上った。買い付け当時のコカ・コーラの株価収益率（PER）は16倍程度と、割安というほどではなかったが、コカ・コーラの高いブランド価値、経営陣に対する高い評価、また、バークシャーの投資規模が大きくなってきたことから、アメリカでも有数の優良会社であるコカ・コーラへの投資となった。

バフェットは1981年に会長&CEOに就任したロベルト・ゴイズエタ、彼とともに長く社長を務めたドナルド・キーオ（実は、一時バフェットの通り向かいの隣人だった）を高く評価していた。2人は、マーケティングとファイナンスの両方に優れ、海外売上高は急増した。バフェットは、コカ・コーラが他社が太刀打ちできないモート（濠）を持っていること、コカ・コーラのネームバリューの高さを評価した。コカ・コーラの買いは、これまでの「それほどいいとはいえない会社を安くたたかれた株価で買う」から、「いい会社をほどほどの株価で買う」投資スタイルにはっきり転換が図られたケースでもある。

実はコカ・コーラとバフェットの縁は、バフェットが5、6歳のときから始まる。バフェットは当時、祖父が経営するストアで、6缶25セントでコカ・コーラを買い、近所に1缶5セントで売る商売をして、早くからその商品の魅力と大きな可能性に目をつけていた。それが52年後の買い付けとなったということである。

コカ・コーラへの投資は、10年後には10倍に上昇、2016年末では12・8倍の時価評価となり、自社株買いによる保有比率の上昇や買い増しにより、発行済み株式の9・3％、4億株を保有する筆頭株主である。また、取得コストベースの年配当利回りは現在42・6％に達する。バフェットが永久保有銘柄とする銘柄の1つだ。

該当するバフェットの投資哲学

・エコノミック・モート（濠）がある。
・経営陣が信頼できる。
・株主を重視する。

事例4　住宅ローン危機で株価急落のウェルズ・ファーゴの大量買い

バフェットは、1989年から1990年にかけて、カリフォルニアの商業銀行、ウェルズ・ファーゴに2億9000万ドルを投資し、発行株数の9・8％を取得した。当時、貯蓄信用組合の住宅向け過剰融資で、住宅土地価格が急落し、銀行株は大幅に下がった。バフェットによれば、1990年のほんの数カ月の間に、ウェルズ・ファーゴの株価は50％近く下がったという。

ウェルズ・ファーゴは、収益の変動が大きい投資銀行やトレーディングに頼らずに、小口リテール・バンキングを重視する経営スタイルを堅持していた。バフェットはその経営陣を以前から高く評価していて、株価が急落したときに、すかさず大量買いに踏み切った訳だ。当時の株価収益率（PER）は5倍だったという。

その後の経過は、グラフの株価推移（配当込み）が示すとおり、1990年初めからこれまで39倍以上のリターンで、ほかの大手銀行に比べ、群を抜くパフォーマンスとなっている。

現在、ウェルズ・ファーゴは、バークシャーが保有する市場株式の中で、保有額トップとなっている。バフェットのウェルズ・ファーゴ買いの教訓は、「普段目をつけていた質のいい会社の株価が急落したときは、果敢に買いに行く」ということだ。

ウェルズ・ファーゴの際立つ株価パフォーマンス

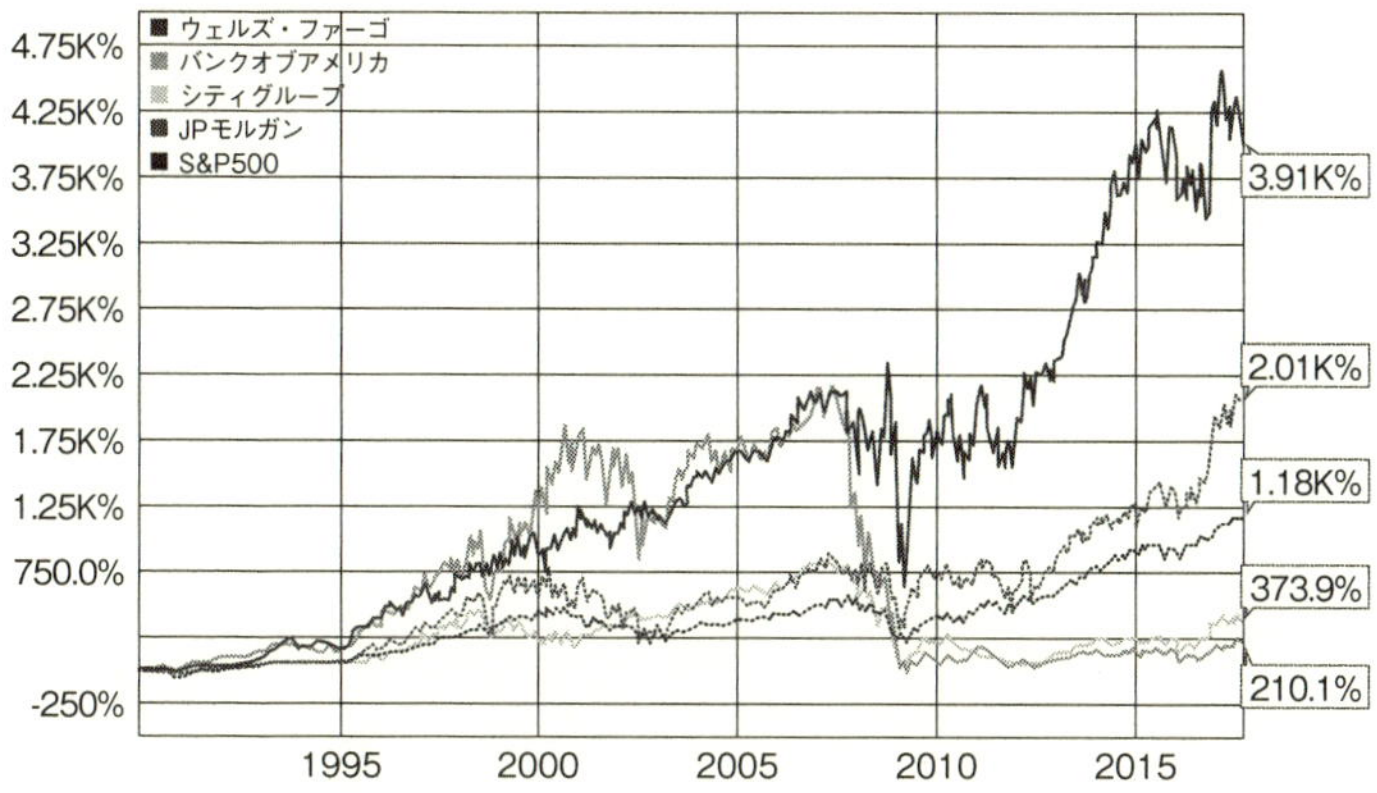

該当するバフェットの投資哲学

・本質価値に比して株価が大幅に安くなった、いいビジネスの株を買う。

・投資の成功を確信できたときは、思い切って資金をつぎ込む。

・経営陣が信頼できる。

事例5　リーマンショックに絡むゴールドマン、GE、バンク・オブ・アメリカへの投資

２００８年9月リーマンショックの直後に、バフェットは危機に瀕したゴールドマン・サックスに50億ドルの資本を提供した。これはゴールドマンにとって、まさにバフェットの信任票だ。当時バフェットはこういっている。

「ゴールドマン・サックスは向かうところ敵なしの世界的フランチャイズだ」

その投資の中身は、10％の高利回りの優先株、さらに50億ドル相当のゴールドマン株を1株115ドルで買う権利（ワラント）だ。この当時、誰もが金融株から遠ざかっているとき、それにより得た利益は途方もない額だった。2011年初めに、投資額50億ドルは受け取った10％の金利とは別に5億ドルを上乗せして返済された。さらに、もっと利益が出たのはワラントだ。バフェットは時価で20億ドル相当になっていたゴールドマン株を7億5000万ドルのコストで受け取ったのだ。

ゼネラル・エレクトリック（GE）も、同じようなディールでバフェットによって救済された。GEは巨大化したGEキャピタルを有していたが、リーマンショックによる急速な信用収縮で、資本不足に陥ったのだ。バフェットは2008年10月、30億ドルを投資して、ゼネラル・エレクトリックの10％の高利回りの優先株とワラントを手に入れる。

さらに、もっとすごいディールがある。2011年、リーマンショックの傷がようやく癒え出した頃でも、バンク・オブ・アメリカは、株価が6ドル前後で低迷、資本不足で苦心惨憺していた。そこに、またバフェットが手を差し伸べた。ゴールドマンと同じように、50億ドルを優先株に投資し、利回り6％で年3億ドルの配当をもらい、権利行使価格7・14ドルで7億株の株式を買える権利（ワラント）を取得した。取得コストは50億ドル相当となる。

バフェットは、このワラントを2017年8月に行使した。そして、一気に筆頭株主に躍り出た。株価は24・38ドル（2017年9月現在）だから、これまで受け取った利金収入17億ドルと、即座に121億ドルの評価益を手にしたのだ。50億ドルの投資で、6年で138億ドルの利益だ。これらの投資から、こういうことがいえる。困っているときに手を差し伸べれば、その見返りは大きいということだ。この3つの投資が、リーマンショック時に、いかに重要な役割を果たし、社会に好影響を与えたか、計り知れないものがある。そういうところに、人々がバフェットに魅かれる源があるといえよう。

2008年9月のリーマンショックの直後の10月18日、バフェットはニューヨーク・タイムズに個人名で寄稿している。そのタイトルは「アメリカ（株）を買え。私は買っている」まさにリーマンショックの直後は買いどきだといっているのである。

「目先のことはわからないが、おそらくセンチメントや経済が回復する前に、マーケットは際立って上がるだろう。コマドリが来るのを待っていたら、春は終わってしまう」

このとき、バフェットはまさにゴールドマンとGEへの投資を実行していた。だが、その後2009年3月まで下げ続け、バフェットの投資は早すぎたという声が出ていた。グラフにある「バフェットの買い」がちょうどゴールドマンとGEに投資した頃である。

そのとき、バフェットがいった言葉があらためて思い出される。

バフェットのアドバイスは的中した

「私は、今底かどうかはわからないが、安いということはわかる」

バフェットがいっている言葉が、この事例で改めて思い起こされる。

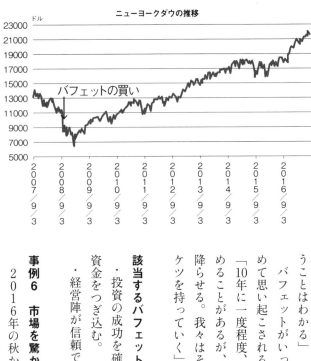

「10年に一度程度、経済の空全体に暗雲が立ち込めることがあるが、そのとき少しの間、金の雨を降らせる。我々はそのときスプーンではなく、バケツを持っていく」

該当するバフェットの投資哲学

・投資の成功を確信できたときは、思い切って資金をつぎ込む。

・経営陣が信頼できる。

事例6　市場を驚かせたアップルの買い

２０１６年の秋から２０１７年初めにかけて１億２０００万株以上買ったアップルについて、バフェットは、消費者のブランド・ロイヤリティが非常に高いことに目をつけた。ブランド・ロイヤリティが高いことは、2つの面で大きな強みとなる。

1つは、商品のマージンが高いということだ。新機種であるiPhone Xは、1台約1000〜1200ドルといわれている。無料スマホがあるご時勢に、この価格でも消費者は買うのだ。

もう1つは付帯するサービスやソフトの収入を継続的に得られるということだ。近年は、この部門の収益の貢献度はますます高まっているという。2016年9月期の売上高営業利益率は27・8%と、高マージンを確保している。

バフェットがアップルに注目したもう1つの大事なポイントがある。

それは最高経営責任者ティム・クックの賢明な資本戦略だ。

アップルは2016年までの5年間に自社株買いと配当で1830億ドルの株主還元を行った。その間の利益は2170億ドルで、利益のほとんど（84%）を還元した。そして、巨額のキャッシュを生み出し、現在2500億ドルの現金を持つ。2016年、アップルは自社株買いで発行株数を5%減らし、それまでの5年間ではアップルは発行株数を19・5%減らした。

このペースで減らしていけば、今後10年でさらに35%減り、半分程度までに減少する。バフェットは、発行株数が大きく減少し、1株利益は業績の伸びとともに大きく底上げすると見ている訳だ。

また、配当金はこの4年間で5割以上増やした。それでも配当性向は27%と低く、増配は長く継続する可能性が高い。

該当するバフェットの投資哲学

・利用者のブランド・ロイヤリティが高い。
・経営者が信頼できる。
・株主還元が厚い。

2 買収事例

バフェットの投資には、市場株式への投資と企業買収がある。1980年代までは、バークシャーの投資規模は市場株式への投資でかなり満たされ、全体の資産規模では3/4以上を占めていたが、現在では前にも述べたとおり、時価総額比で市場株式の価値は、3割弱程度となっている。投資規模が大きくなるにつれ、企業買収の比重が大きくなっていく。

ここで、これまでバフェットが行ってきた企業買収の主な案件を紹介しよう。投資事例と同様に、各事例の最後に、該当するバフェットの投資哲学を示している。

事例1　ナショナル・インデムニティの買収

バフェットの草創期で、最も重要な買収は、地元オマハの保険会社、ナショナル・インデムニティの買収だ。バフェットは「このナショナル・インデムニティの買収がなかったら、バークシャーは、よくて今の規模の半分程度だっただろう。買収後、ナショナル・インデムニティはずっとスター・パフォーマーだ」といっている。

バフェットは、この保険会社の経営が保守的で、経営者が堅実なところに目をつけて、経営者に会って15分で（その経営者に心変わりされないためにも）、買収の話をまとめた。買収額は840万ドルである。

保険会社は加入者から保険料を徴収するが、実際に保険金を支払うまで、かなり時間がある、あるいは、払わないままで終わることもある。その場合にはまるまる利益となる。内部で滞留している保険料を「フロート」とバフェットは呼ぶが、これが投資への軍資金となり、買収や投資に回せるのだ。これまで連綿と続く強力な仕組みを、このナショナル・インデムニティの買収で作った訳だ。

買収当時のフロート2000万ドルは、現在では事業拡大と買収によるバークシャー全体の保険事業で1000億ドルに、実に5000倍に膨れ上がっている。

つまり、バフェットはこのフロートを軍資金として、100億ドル単位の買収や株式投資が容易にできる訳だ。このような仕組みを作ったきっかけであるナショナル・インデムニティの買収は、非常に大きなターニングポイントだったのである。

該当するバフェットの投資哲学

・投資の成功を確信できたときは、思い切って資金をつぎ込む。
・経営陣が信頼できる。
・経営が堅実である。

事例2　バフェットにブランド価値の大切さを気づかせたシーズキャンディ

バフェットが、これまでの買収の中で、最も賢い買収だったといつも取り上げるのが、チョコレート製造・販売のシーズキャンディだ。バフェットとマンガーは、1972年にカリフォルニアを主な市場として展開するシーズキャンディを2500万ドルで買収した。この価格でも渋々買ったというのが、実状だ。バフェットは株主への手紙や株主総会でたびたびシーズキャンディの話をする。

その魅力は、ブランド価値と低投資で高収益という点だ。買収した1972年当時、シーズの売上は3000万ドルで利益はほんの420万ドルだったが、2011年には3億7600万ドルの売上で、8300万ドルの利益を上げた。これは、買収したコスト2500万ドルの3倍以上のリターンを〝毎年〟得ているということだ。しかも、40年前に買収してから累積で、なんと20億ドルの利益をもたらしたという。

バフェットは、「安い原料（コモディティ）を買って、利益を大きくとれるブランドを売る商売がいい」という。

まさにそれが、シーズキャンディだ。1972年シーズキャンディは1600万ポンド（1ポンド＝454g）のキャンディを売っていたが、35年後は3200万ポンド売り、その間、1年当たり2％ずつ販売量が増えた。しかし、利益は1年あたり9％の増益を続けてきた。この利益のために、相当な投資をしてきたかというと、そうではない。

バフェットがいうには、この35年間でたった3200万ドルしか、シーズキャンディは投資していない。バフェットは、利益のほとんどを、他の魅力的なビジネスを買収するため、もしくは、他の傘下企業の投資に回したのだ。

利益の伸び率が販売量の伸び率より大きいということがどうして達成できるのか。毎年じわじわ価格を上げていくのだ。シーズキャンディの場合、毎年クリスマスの翌日に価格を上げるという。それができるのがブランド力だ。バフェットはこういう。

「チョコレートの詰め合わせは、自分用というよりギフト用に買う。誕生日とかバレンタイン・デイ、クリスマスなどのプレゼントのためだ。そうした場合、いいものを贈る。まさか『今年は安いものを買ってきた』とはいえない。これが、価格設定力だ」

バフェットにとって、シーズキャンディの買収は、最初の質のいい（グッド・クオリティ）会社の買収だった。マンガーによれば、〝株価が本質の企業価値より大幅に割安になっている会社を買う〟というグレアムの教えだけを守って投資を続けていたら、これまでの実績は上げられなかったという。シーズキャンディの買収によって、ブランド価値という〝質〟が入ってきた。

そして、この買収が、コカ・コーラの大量買いにつながっていく。マンガーはいう。

「優れた中身の会社をそれにふさわしい価格で買えば、割安株投資の面でも、依然としてバーゲンといえる。本当にいい会社を買えば、いずれ株価は後から追いついてくる」

シーズキャンディは、今でも毎年潤沢な現金を生み出すキャッシュマシーンの役割を果たす、バークシャーの宝石といってもよい。

該当するバフェットの投資哲学

・ブランド価値が高い。

・高収益体質である。

・価格設定力が強い。

・質がいい会社は、割安でなくても買う。

事例3　ネブラスカ・ファーニチャー・マートの買収

1983年のネブラスカ・ファーニチャー・マートの買収は、今でもバフェットが折に触れ語る成功ストーリーだ。

ネブラスカ・ファーニチャー・マートは、ロシアから裸一貫で来た英語がまったく話せないユダヤ系移民、ミセス・ブラムキンが、オマハでゼロからスタートした大型家具店だ。

「安く売るのよ、本当のことを伝えなさい、誰もだまさないで、キックバックを受け取ったらダメ」とミセス・ブラムキンがいつも繰り返し、ライバルがまねできない安さで売って、急速に売上を拡大するネブラスカ・ファーニチャー・マートに、バフェットはかねてから注目していた。

徹底したローコスト経営で、大量に仕入れて売値を他店より大幅に安くして、圧倒的な価格競争力を誇った。

77エーカーの土地に42万平方フィートの全米最大の店舗面積を誇る店内を、89歳のミセス〝B〟(ミセス・ブラムキンは女傑トップとして親しみを込めてこう呼ばれた)が、3輪ゴルフカートで走り回り、息子たちや従業員を「役立たず！　とんま、とんま！」と怒鳴りまくり、週7日間、70時間働き通しというのがやがてブラムキン一族の日常となっていった。

バフェットは、ミセス〝B〟と相対で、このネブラスカ・ファーニチャー・マートの90％の株式を５５００万ドルで１９８３年、バフェット53歳の誕生日に買った。

残る10％はブラムキンの息子たちが保有し、引き続き経営を続けることとなった。このとき、バフェットは監査されていない財務資料を見て、買うことを決めている。ミセス〝B〟への信頼やその切り盛りの仕方を見て、監査の必要など感じなかったのだ。２０１７年には、創業80周年を迎え、オマハ、アイオワシティ、カンザスシティ、ダラスの広大な土地に巨大な4店舗をもつ、全米で最も高収益で最大規模の家具会社になっている。

そして、引き続き、ブラムキン・ファミリーが経営に当たっている。オマハのいくつもの広大な売り場では、８万５０００もの家具、18万５０００の家電用品、１００万平方フィートのカーペットが売られている。

その後、驚くべきことに、ミセス〝B〟は、息子たちと経営を巡って物別れし、ネブラスカ・ファーニチャー・マートの通り向かいに、95歳で「クリアランス&工場アウトレット」という店舗を構え、元の会社の客を奪い、利益を出し始めたのだ。

バフェットが息子たちとミセス〝B〟の間に入り、ミセス〝B〟の店舗を１９９１年にネブラスカ・ファーニチャー・マートに吸収した。ミセス〝B〟は、なんとこのとき97歳だった。彼女は、１９９８年１０４歳で亡くなるまで、仕事に、公的活動に活発に動いていたという。

バフェットは、ミセス〝B〟に、驚異的な成功をもたらした、このシンプルだが、きわめて稀な特性を、上昇意欲のあるビジネスマンはぜひ学ぶべきだと強調する。バフェットはこういう。

「希望とエネルギーがあれば、事業で成功する。知能指数125以上は、ビジネスや投資では無駄だ。まったく英語を話せなかったミセス〝B〟は、英語を5歳の娘から教わった。ビジネススクールは、ミセス〝B〟を研究すべきだ。彼女は、フォーチュン500のどの経営者をも上回る」

毎年全米から40もの大学の学生がオマハに来るが、バフェットがまず連れて行くところが、ネブラスカ・ファーニチャー・マートである。

ネブラスカ・ファーニチャー・マート

該当するバフェットの投資哲学

・経営者が信頼できる。
・高収益体質である。
・価格競争力がある。

事例4　ガイコとバフェットの軌跡

アメリカ第2位の自動車保険会社、ガイコはバークシャー傘下企業の重要な武器となっている。バフェットは、傘下企業の天恵を祝福するとき、ガイコは特に2回祝福するというほどだ。

実は、ガイコとバフェットの縁は、バフェット20歳のときまでさかのぼる。バフェットの師匠、グレアムの会社が発行済み株式の55%の株式を持ち、グレアムが会長を務めるガイコが、若きバフェットの目に留まり、「この会社、どんな会社？」と興味を持った。2、3週間後の土曜日、バフェットは一番列車でワシントンのガイコ本社に行き、休みで閉まっている玄関で、守衛に、「会長グレアムの生徒だが、誰か保険について教えてくれる人はいないか」と尋ねた。そこで、グレアムの関係では断る訳にはいかないと出てきた幹部は、ほんの数分のつもりで話しているうち、あまりにも専門家のように突っ込んだ質問をする訪問者に、4時間も付き合ったという。

その人物は、後に社長になる。バフェットは、すっかりこの会社に魅了され、直後の月曜日、彼の財産の75%、2万ドルを突っ込み、350株を買った。このとき、バフェットに膨大な富を生み出すことになる金の卵を見つけたのだ。知人や親族にもガイコの株を勧めまくった。

1951年12月、バフェットはある新聞に「私が最も好きな株」と題して、ガイコを推奨する投稿をしている。その中で、急成長する会社が、株価収益率（PER）が8倍でしかないと、その投資妙味を強調した。

一度ガイコ株を手放したバフェットに、20年後また買うチャンスが訪れる。

ガイコ経営陣の成長を目指す路線が先行し、引き受けた保険の質が悪くなり、保険金支払いが急増し、1976年に経営危機に陥ったのだ。

　株価は61ドルから2ドルまで急落した。この危機を見ていたバフェットは、以前サラダオイル事件で株価が急落したアメリカン・エクスプレスの経験を踏まえて、ガイコへの投資を考え出した。

　ワシントン・ポストのキャサリン・グレアムを介して、再建に奔走する経営トップに会い、その手腕を見極めたバフェットは400万ドルで30%の株式を取得、それが信任票となり、ガイコの経営は立ち直る。

ガイコのブース、マスコットのGecko（やもり）

　その後、バフェットは、買いコスト4600万ドルで48%保有しているガイコ株の残り52%を、1996年に23億ドルで買い取り、100%バークシャーの子会社とする。その買い物が高い買い物だったか否かは、その後のガイコの成長振りを見れば明らかである。ローコスト経営を徹底し、良質なドライバーに代理店を通さないで、電話やインターネットで他社より10%ほど安い保険料で売る戦略を徹底し、2002年に500万人だった保険加入者が2016年には1500万人以上に拡大し、1950年代1%未満のシェアしかなかった会社が、今ではステート・ファームに次ぐ全米ナンバー2の自動車保険会社になっている。そして、このローコスト・ロープライスの競争優位は、他社に対する完璧なモート（濠）となっている。

該当するバフェットの投資哲学

・エコノミック・モート（濠）が深い。
・時価が本質価値より大幅に割安になった機会を逃さない。

事例5　アメリカ1位の鉄道会社BNSFを買収

リーマンショックの傷が癒え切れていない2009年11月、アメリカ1位の鉄道会社、BNSF（バーリントン・ノーザン・サンタフェ鉄道）を263億ドルで買収した。バークシャーはすでにBNSFの株式22％を保有していたので、全体の買収価値としては、340億ドルに上る。このニュースに、市場やメディアは驚いた。

「バフェットが、ついにやったか。巨大戦艦が巨砲をぶっ放した」という反応だった。

バフェットは直後にコメントしている。

「この会社は、アメリカ経済の繁栄とともに100年、200年後も成長しているだろう。鉄道は最も効率的な輸送手段だ。1ガロンの軽油で、280台のトラックが運ぶ輸送量を470マイル運べ、環境にやさしい。第2次大戦後鉄道に携わる人員は150万人だったが、今は20万人に満たない。

少ない人員と燃費で、大量の物量を運べる。これから先10年、20年、30年と輸送量も増えていくだろう。確かにキャピタル・インテンシブ（資本投下額が大きい）だが、我々は際立った利益ではなく、リーズナブルな利益をコンスタントに得られれば、それでいい。我々はバーリントンを永久に保有し続ける」

このような投資スタンスから、バフェットがいかに長い時間軸で、広い見地から堅実な投資をしているかがわかる。私は、バフェットがバーリントンの経営陣の質の高さを評価した面もあると見ている。２０１７年の現在も、当時の経営トップが経営している。

バーリントンの純利益は、バークシャーの２００９年の買収後、２０１６年には2倍になり、すでにバークシャーは２２０億ドルを配当金で受けとっている。また、２０１６年時点でバーリントンの企業価値は、買収前より2・7倍にも膨れ上がっているという分析もある。バーリントンは、これからも、着実にコンスタントに利益を生み続けていくことだろう。

該当するバフェットの投資哲学

・10年、20年と伸び続けることが見通せる。
・経営陣が信頼できる。

事例6　投資ファンドの3Gキャピタルと合同でハインツを買収、その後クラフトを統合

２０１３年2月、バフェットはブラジル創業の投資ファンド、３Gキャピタルと共同で、ケチャップ世界一のハインツを買収した。バークシャーと３Gが同額の42・5億ドルでハインツ株を取得、さらにバークシャーが80億ドルで9％利率のハインツ優先株を取得した。債務引き受けを含む買収総額は２８０億ドルと、食品業界の買収案件としては過去最大規模になる買収となった。

そして、このとき両社は、今後、食料・飲料産業の一連の広範な統合の第一歩になるだろうといっている。これまでバフェットはバークシャー単独での買収を続け、３Gキャピタルとのハインツの共同買収は、当時、異例の取り組みと見られた。３Gキャピタルは拡大志向が強く、買収後の大幅なコストカットにより、企業を再生し、成長させることを得意としている。

世界のビール業界の再編を重ね、今ではバドワイザーやコロナ、ステラなどのビールブランドを持ち、世界シェア約3割を握る最大のビールメーカー、アンハイザー・ブッシュ・インベブを経営する。３Gキャピタルにしてみると、ハインツの買収で世界最高の投資家といわれるバフェットと組むことは、ディールに信用を与えるものととらえることができる。そして、今後、食料・飲料産業の統合が続くだろうとした言葉が、現実になる。

２０１５年3月、ハインツがチーズとマカロニが主力商品のクラフトをおよそ４００億ドルで買収することを発表。統合会社クラフト・ハインツは全米第3位、世界第5位の食料・飲料会社とな

った。バークシャー（筆頭株主、約27％）と3Gキャピタルが計51％を保有し、上場を維持したまま一般株主が残りの49％を保有する形だ。クラフト・ハインツの時価総額は992億ドル（2017年9月現在）、そのうち、バークシャーは265億ドルの価値を保有する。バークシャーが保有する市場株式の中では、最大保有銘柄だ。なお、クラフト・ハインツは支配株式のため、市場株式保有リストには入っていない。

バフェットのハインツやクラフトの一連の買収プロセスは、必ずしも師匠、グレアムの割安株投資の手法をとったものではない。20％のプレミアムをつけたハインツの買収価格は、パッケージフード企業の中では割高気味といってもよい。ここでバフェットが着眼したのは、しっかりとした財務内容、安定して生み出されるキャッシュフロー、そして高いブランド価値だ。こうした観点から、比較的リスクの少ない投資という判断をしているといえる。

さて、その後も、3Gキャピタルとバークシャーの買収の目論みは終わらない。今度は2017年2月、日用品の欧州巨大企業ユニリーバに1430億ドルでの買収を申し入れたのだ。この申し入れは、ユニリーバに「安すぎる」として断られる。

バフェットは一度断られた場合、さらに価格を引き上げたり、敵対的買収に入ったりすることを好まない。しかしながら、1000億ドルの投資資金を抱えるバークシャーと拡大志向の強い3G

キャピタルのコンビが行う、次の買収のターゲットはどこかという企業探しに、市場は余念がない。クラフトから分離したモンデレッツ、ゼネラル・ミルズ、ケロッグ、キャンベル・スープ、コルゲート・パルモリブ、キンバリー・クラーク、チョコレートのハーシーなどが、買収候補として名前がささやかれている。まさに成長が鈍化している食料・飲料、日用品企業の再編、統合の動きの中心に、バークシャーや3Gキャピタルがいるといってよいだろう。

該当するバフェットの投資哲学

・高いブランド価値がある。
・安定した収益性を持つ。

事例7　プレシジョン・キャストパーツを、これまでの最高額323億ドルで買収

バフェットは、2015年8月、航空部品大手のプレシジョン・キャストパーツを323億ドルで買収することを発表した。この買収額は、BNSFの263億ドルを上回った。

バフェットによれば、「プレシジョンはバークシャー・モデルにぴったり合う。これから1株当たりの収益力を際立って増やしてくれるだろう」とのことだ。

そして、プレシジョンの経営者を高く評価している。ここが、バフェットが企業に投資したり、買収したりするときの大きなポイントだ。また、バフェットがプレシジョンの買収に踏み切った理由には、次の点もある。

まず、航空機製造のカギとなるエンジン部品を作っていて、長く使っていると使い慣れ、新たに他社からの調達に変えるコストが高い。また航空機の部品供給は、長期の契約になり、さらに部品の保守で安定的な収入が入ってくる。バフェットは、2000年代に入り、潤滑油添加剤のループリゾール、部品製造大手のマーモン、イスラエルの切削工具IMCを買収、バッテリーのデュラセル*を取得。保険や電力ばかりでなく、20年、30年後もしっかりと伸び続け、安定的にキャッシュフローが入ると見込まれるメーカー系企業にも投資するようになっている。

*デュラセルの取得は、バフェットが大変気に入って大量に株式を保有していたかみそりのジレットをプロクター・アンド・ギャンブルに買収され、プロクター・アンド・ギャンブルの株を保有したが、その株をプロクター・アンド・ギャンブルの子会社デュラセルと交換したものだ。

該当するバフェットの投資哲学

・安定したキャッシュフローが入る。
・経営陣が信頼できる。
・エコノミック・モート（濠）が深い。

ブリヂストンの経営・株価指標	
営業利益率	13.5%
株主資本比率	61.8%
株主資本利益率	11.5%
配当利回り	3.1%
配当性向	41.3%
予想PER（株価／予想1株利益）	13.1倍

予想PER以外はいずれも前期ベース

3 馴染みがある日本株の銘柄をバフェットの視点で分析する

バフェットは、これまで日本株を買ったことはない。また、これまで日本株を買うことを検討した形跡もない。

強いていえば、バフェットが買収したイスラエルの切削工具会社ＩＭＣが旧東芝タンガロイを買収していたので、間接的にバークシャーが保有しているのが、唯一のバフェットの日本への投資だ。これは、はなはだ残念なことだ。

実はバフェットは、中国株ではＢＹＤを持っている。以前は韓国株のポスコ、ペトロチャイナも保有していたが、大きな利益を得て売却している。中国、韓国には投資して、日本には投資していないとなれば、どうしてかということになる。これは、日本株式市場にとって、実は大いに吟味してみなければならない点なのだ。

ブリヂストンの業績動向

（売上～純利益＝億円、1株利益・配当金＝円）

決算期	売上	営業利益	純利益	1株利益	配当金
2013／12	35,681	4,381	2,021	258.10	57
2014／12	36,739	4,780	3,005	383.84	100
2015／12	37,902	5,172	2,842	632.90	130
2016／12	33,370	4,495	2,655	339.00	140
（2017／12）	37,000	4,640	2,890	394.10	140～145

（　）は予測

ここからは私の考察となるが、その理由は次のとおりではないだろうか。

1　株の持ち合いなど資本市場文化が特異で、投資になじまない。

2　10年、20年と成長すると見込まれる企業が少ない。

3　経営者に信頼性を持てない。

4　株主重視の姿勢が見えない。

これらはいずれも、バフェットが投資する際に十分に着目するところだが、日本企業は、どう贔屓目に見ても不十分だ。正直なところ、バフェットが投資しないのも、ごもっともという感がある。

ただ、その中でも、バフェットが日本企業に投資するとしたら、どういう企業が候補になるかということについて、検討してみる価値はあるだろう。数少ない中で、私は、ブリヂストンを挙げたい。

ブリヂストンの5年株価推移

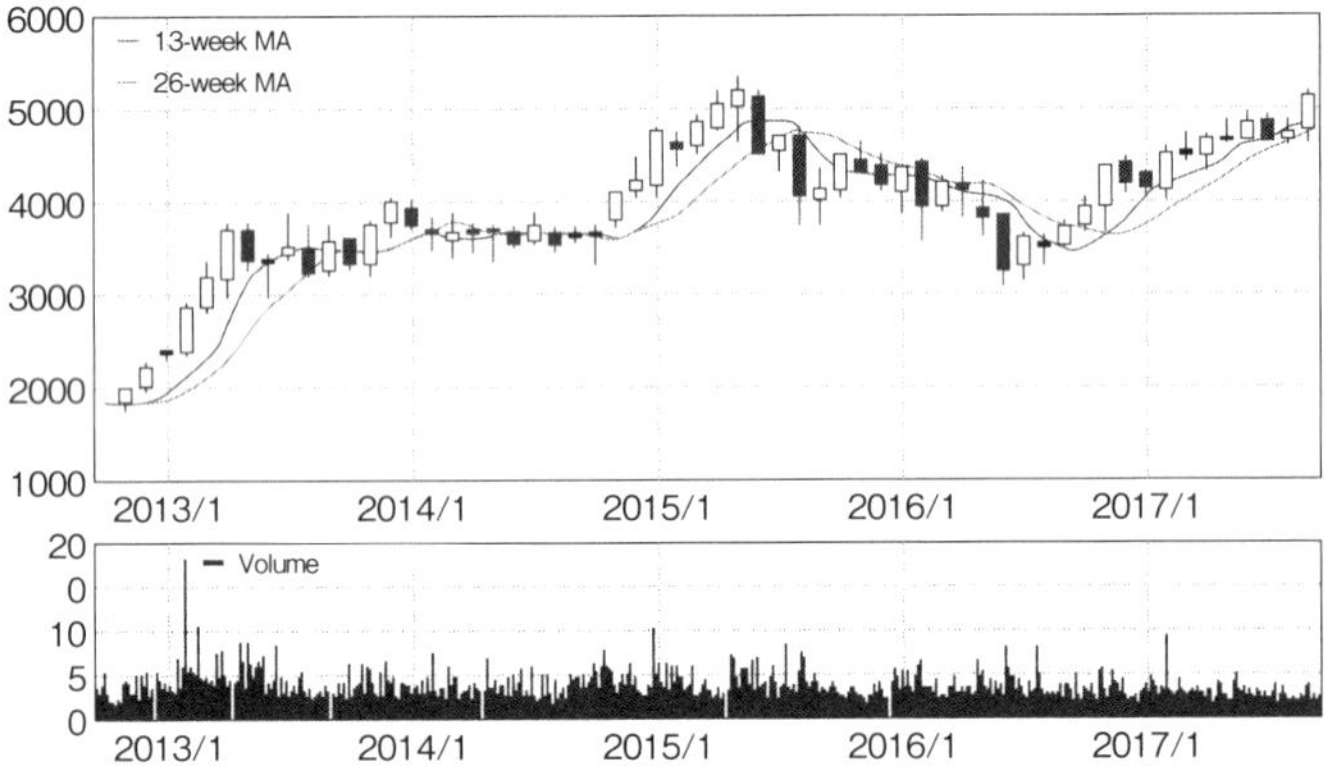

ヤフーファイナンスより

バフェットが投資する際に好む企業は、10年、20年と成長が見込める企業、他社に対して競争力をもつ企業、株価が割安な企業、株主還元がしっかりした企業という面がある。そうした面で合致するのが、筆者はブリヂストンではないかと考えている。そこで少し、ブリヂストンの中身を見てみよう。

タイヤでは世界一のメーカーで、業績は安定している。ブランド力、価格決定力があり、利益率も高い。株価は株価収益率13・1倍で、割安となっている。増配も継続していて、株主還元もいい。2011年に買っていれば、今では取得株価での配当利回りは7・8％になる。今後も増配を続ける可能性はある。こういう銘柄をバフェットは好む。

第五章

我々はバフェットになれるのか

一般投資家が〝バフェット流〟を再現できない理由

バフェットがこれだけの運用パフォーマンスを出しているのだから、これに追随して投資を行おうとすることは、間違いのないやり方と誰もが考える。

しかしながら、それがなかなかできない。そこには、投資に対する人間の心理の弱さ、投資に臨む視点や時間軸の違いなど、いわば投資というよりも、人間の生き方の根幹につながる要素が関わっている。なぜ、バフェット流の投資が再現できないのか、そのポイントを見てみよう。

1　大きく下がったときに、不安で買うことができない

バフェットは、前述したとおり、リーマンショックの直後の10月、ニューヨーク・タイムズに寄稿して「アメリカ（株）を買え。私は買っている」と呼びかけた。

しかしながら、一般の投資家はもっと下がるのではないかと不安で、なかなか買えないのだ。バフェットの寄稿の下には、絶壁から飛び降りようとする天使（バフェットになぞらえたか）が描かれていた。マスコミの論調も、こんなときにバフェットは買って、大丈夫かという論調だった。

バフェットの最大の強みは、100年に1回の市場の下げでも、投資哲学を変えないで、これまでどおり、合理的に投資ができるということだといえよう。これは、個人投資家には、なかなかできないことである。

2　バフェットが買う株は、地味で退屈な株が多い

バフェットが買う銘柄は、買うときには「こんな銘柄、上がるのか」という銘柄が多い。いわば人気がない株、心配になるような株だ。

たとえば、前述したとおり２０１１年に、リーマンショックのときにつぶれかかったバンク・オブ・アメリカの優先株に50億ドルを投資した。２０２１年まで１株７・14ドルで７億株買える権利を取得した。当時の株価は６ドル前後だった。10ドル以下は機関投資家が社内規定で買えないところもある。

当時、「バフェットは、こんなつぶれそうな株を買って大丈夫か」といわれたものだ。実は、私もそう思った一人だ。

この権利をバフェットは２０１７年８月に行使して、筆頭株主に躍り出た。今では株価は24・38ドル（２０１７年９月現在）、前述のとおり、巨額の利益をもたらしたのだ。バフェットは、２０１１年、バンク・オブ・アメリカに投資した当時、「この銀行はすばらしい、経営トップのモニハンはすごく信頼できる人物だ」といっていたのがはっきり思い出される。そのとき、周囲は「あんなの、買って大丈夫か」と、追従しないのが大方だった。今となっては「あのとき買っておけば……」と後悔するばかりだ。こういう具合に、なかなかバフェット流を実行できないのだ。

ほかにも、バフェットが投資した株には、地味な株がある。たとえば、農機具の会社、建材メーカー、人工透析の会社、再保険会社、ひげそり、住宅塗料、潤滑オイルの会社など、投資家が投資するのにあまり食指が動かない会社だ。ところが、こういう会社は、業績は安定していて、資本投下をあまり必要とせず、キャッシュは効率よく入ってくる。また、投資家の食指が動かないから、経営者は投資家をひきつけようとして、配当など株主還元もしっかりしていて、長く持っている間にリターンは思いのほか大きくなるのだ。ひげそりの会社ジレットについて、バフェットはこういうコメントを残している。

「私は毎朝、鏡の前でひげをそるとき、世界中の人がジレットのひげそりでひげをそっていると思うと、うれしくなってくる」

こういう感覚は、一般の投資家にはなかなかない。このあたりにも、バフェットが買う銘柄に食指が動かない要因がある。

3　長い間持つことができない

バフェットがいう最も望ましい株の保有期間は、永久である。買収などで手放さざるを得なくなった株もあるが、たとえば、4億株を保有する1980年代に買ったコカ・コーラや1億5160万株を保有する1960年代に買ったアメリカン・エクスプレスは、永久に保有するとしている。

このような持ち方をする投資家は、残念ながら少ない。もっと手っ取り早く儲けたいという投資家のほうがはるかに多い。

「私は老い先短い。永久に保有するなど、悠長なことをいっていられない」という言葉をよく聞くが、バフェットは87歳だ。

バフェットがいう長期投資とは、自分の年齢と関係ない。保有スタンスの問題だ。自分の年齢に関係なく、長く持つというスタンスでいることが大事だといっているのだ。

日本経済新聞によれば、日本の個人投資家の株の平均保有期間は、2014年度で8・9カ月だったという。平均して1年も持っていないのだ。ただし、ここにはやむをえない面もある。

日本株は全体では、日本人にとって大変不幸なことに、1990年から上がっていないのだ。その中で、腰を落ち着けて長く持とうといっても、やや無理な面があることは否めない。しかし、投資の基本は長く持つこと、すなわち、長期投資であることを忘れてはならない。長期投資があまり効果がない市場であれば、外国株に投資するということは、有力な選択、あるいは必須な選択といってもよい。

株を買うということを、マネーゲームのように見ていれば、売ったり買ったりというパターンになる。なぜそうなるかといえば、たとえば100万円投資して、「10万円儲かったから、とりあえず利益を確保しよう」と、儲けた額に目が行き、この先下がってしまったら今得られたはずの利益を取り損なうと考えてしまうのだ。

このようなスタンスで株に投資すると、買ってからすぐ上がらなかったり、下がったりしてしまうと、我慢できずにもっと値動きがよさそうな銘柄に乗り換えたり、1割、2割の損切りとなる。結局、ある程度して、損失と利益を足し合わせると大して儲からなかったり、マイナスになったりという結果になることが多いのだ。会社に目が向いているのではなく、株価ゲームをしているということだ。

4 すでに人気になっている株を買う

個人投資家は、人気のある銘柄、現在でいえば、たとえば、AI、フィンテック、クリーンエネルギー、東京オリンピック関連株など話題のテーマ株を買いがちだ。しかし、注意しなければならないことは、こういう銘柄は投資雑誌でもテーマに上げやすいし、証券会社も売り込みやすいし、こういうテーマの投資信託は買ってもらいやすいということだ。これらの銘柄は、投資するときにはすでに人気になっていて、業績とは関係なく割高に買われていることが多い。そして割高に買われているぶん、人気が下火になると、今度は下げ幅が大きくなる。そうなると、今度はもっと下がるのではないかと心配になり、安くなって売ってしまうというパターンをたどる。

そもそも簡単には再現できない点

一方で、バフェットだからこそできて、我々一般投資家ではできないことがあることも確かだ。

日本と世界の株式パフォーマンス

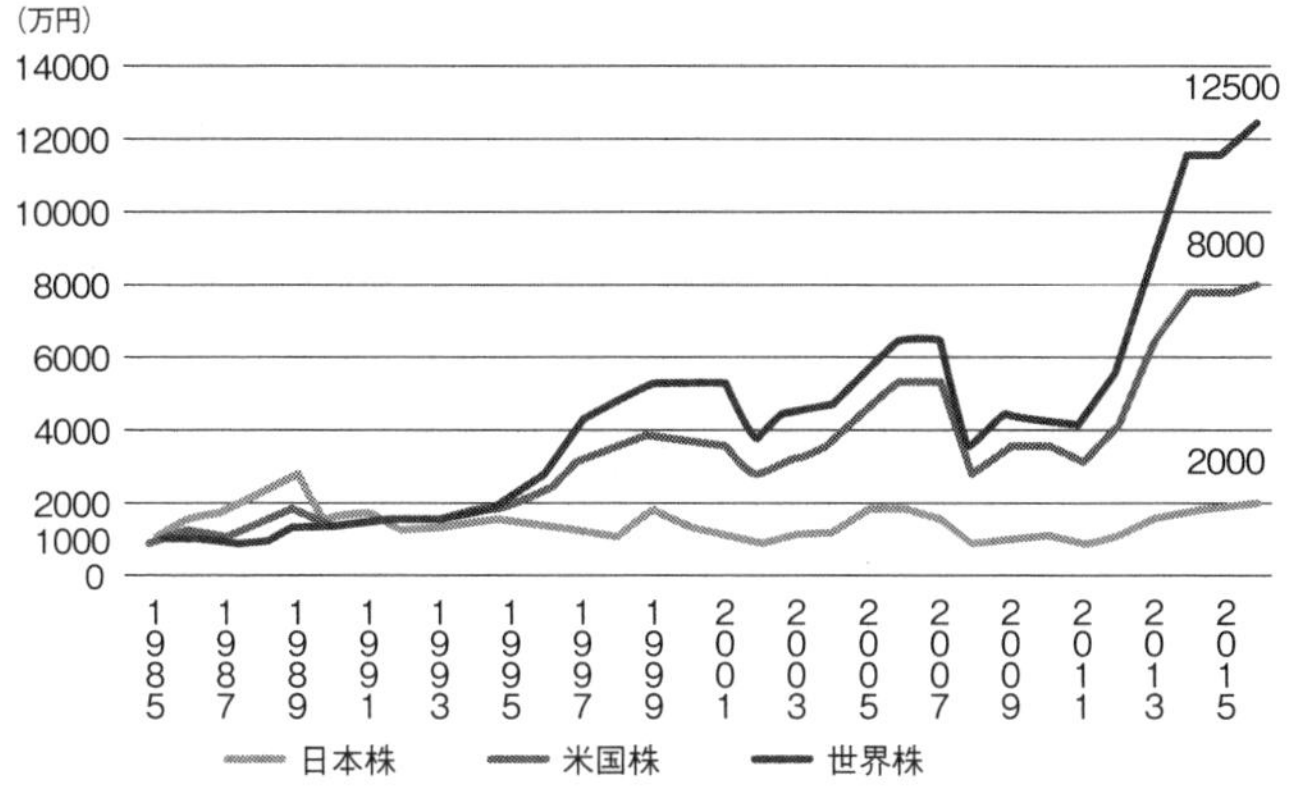

※30年、円建て、配当見込み

1　経営トップに、直接会える

バフェットであれば、世界中どの経営者とも会って、人物鑑定ができる。オバマ前大統領とも、バフェットに政策面でアドバイスを求められる形で、面談している。我々一般投資家には、それはできない。

2　バフェットだから提示される投資案件がある

リーマンショックのとき、バークシャーが特別に請われて引き受けた、ゴールドマン・サックスやGEの10%利回りの優先株とワラント権など、個人投資家が取得できない投資案件がある。

3　フロートによってレバレッジを利かせる

バークシャー傘下のガイコなどの保険会社に入る保険料（フロート）を、運用資金に充当できるという大きな強みがある（71ページ参照）。

また、信用格付けはAAと高く、有利なレートでいくらでも借り入れができる。

4　日本という圧倒的不利な市場

この30年間日本株のパフォーマンスは低いままだ

（万円）

	日本株	米国株	世界株
年リスク	25.2%	23.4%	21.1%
年利回り	2.30%	8.50%	7.00%
1985年末を1,000万円として	1,993	12,502	8,037

円建て、配当込み、1986年1月〜2016年12月

日本株は、日経平均で28年前の1989年末から、現在は約半分の水準にとどまっている。これでは、「株式投資で利益を上げよう」などと、とてもいえない。この30年の世界の株価と比較してみよう。このグラフのとおり、過去30年で、世界の株に投資していれば、日本株の4倍、米国株に投資していれば、実に6・3倍になっている。しかも、表が示すように、米国株、世界株とも、リスク*は日本株より低かったのだ。

先に述べたように、日本株式市場は、構造的に世界の株式市場に比べて、投資家にとって投資環境がいいとは到底いえない。そして、その状況は、これから10年、20年たっても、残念ながら解消されないだろう。

*リスクは、一定の可能性での1年当たりのリターン変動幅のことで、数字が大きいほどリスクが高いと見る。

反対に有利な点

我々ができて、バフェットができないことがある点も指摘し

ておこう。

バークシャーの投資待機資金は、現在1000億ドルになっていて、500万ドルや1000万ドル程度の投資では、投資成果が上がらなくなっている。最低でも数十億ドル程度の投資単位が必要なのだ。そうなると、逆になかなかよい投資対象が見つからないということになる。たとえ見つかったとしても、一度には買えない。

2016年末前後に買ったアップルのように、1カ月も2カ月もかけて買うことになる。バフェットは、以前のような運用規模であれば、今でも十分同じような成果（年率50％、100％のリターン）を上げる自信があるといっている。ということは、我々のような運用額が少ない投資家にとっては、銘柄を選ぶ範囲がフリーなのだから、そこに大きく有利な点があるということになる。小型株などでバフェットが買えない割安に放置された銘柄も買える。我々が投資できる範囲は、非常に広いということだ。

バフェットに近づくにはどうすればよいのか？

1　バフェットに関する書を読む

バフェットに近づくためには、バフェットの情報に接する機会を多くすることだ。それには、バフェットやその投資手法に関連する書をできるだけ多く読むことを勧める。私が勧める書をここで紹介しよう。

・**『賢明なる投資家―割安株の見つけ方とバリュー投資を成功させる方法』**
著者：ベンジャミン・グレアム　パンローリング
バフェットの投資の師匠、グレアムの著書である。

・**『フィッシャーの「超」成長株投資―普通株で普通でない利益を得るために』**
著者：フィリップ・A・フィッシャー　フォレスト出版
本書で紹介しているフィッシャーの著書である。

・**『株で富を築くバフェットの法則―不透明なマーケットで40年以上勝ち続ける投資法』**
著者：ロバート・G・ハグストローム著　ダイヤモンド社
米国で出版されたバフェット書籍の中でも、良書である。

・**『ピーター・リンチの株で勝つ―アマの知恵でプロを出し抜け』**
著者：ピーター・リンチ　ダイヤモンド社
ピーター・リンチの投資手法は、バフェットやフィッシャーの投資手法に近い。一般投資家が応用しやすい手法だ。

・『**Berkshire Hathaway Letters to Shareholders:1965-2014**』
バフェットの「株主への手紙」が最初の年から掲載されている。

・『**Poor Charlie's Almanack:The Wit and Wisdom of Charlie T. Munger, Third Edition**』
本書で紹介したマンガーの書である。

・『**The Essays of Warren Buffett, Lessons for Corporate America, 4th Edition**』
バフェットが語った言葉の数々が、テーマ別に著されている。

2　参考にするバフェットに関する情報ソース

アメリカのメディアやネットの投資サイトから情報をとるのが、一番アクセスしやすい方法だ。
バフェットに関する情報は大変多い。バフェットは頻繁にメディア・インタビューに登場したり、講演したりする。その映像を見るのもよい。左記は今年放映された長編ドキュメンタリーだ。

HBO Documentaries: Becoming Warren Buffett
http://www.hbo.com/documentaries/becoming-warren-buffett

よいアドバイザーを見つけるべき

勉強もリサーチもする時間もないという人は、信頼できるアドバイザーを見つけるべきだ。特に、日本株だけでは、資産運用の成果が期待できないなか、米国株や国際投資に詳しいアドバイザーが必須だ。また、金融商品の販売手数料によらないで、投資助言料だけで助言するアドバイザーが求められる。証券会社や販売手数料に依存するアドバイザーは、顧客利益を最優先する仕組みが弱い。

バフェットの師匠のグレアムも、次のように述べている。

「おそらく顧客にとってアドバイザーの主な価値とは、金銭的な損失から守ってくれることにある。証券アナリストのＣＦＡ資格*は、証券アナリストの基準を高め、最終的に彼らを真の専門家とするだろう」

*グローバルな資産運用・証券アナリスト資格、筆者も保持する。

第六章

投資を超えたバフェットの哲学

バフェットが率いるバークシャー・ハサウェイの株主総会に、世界中から4万人もの人が参加するのは、バフェットの投資の成功から学ぼうという想いからだけではない。バフェットからあらゆることを学びたいという強い関心からきているといってよいだろう。

バフェットから学ぶことは有り余るほど多い。生き方、人との接し方、物事への取り組み方、お金との向き合い方、自己研鑽、仕事に向き合う姿勢、信条、哲学……。バフェットから学ぶことは、投資のやり方にとどまらず、それ以外のこともとても多い。このような人物だから、お金が自ずと増えるのではないかとさえ感じる。

私がバフェットの言動から感じることは、バフェットのいうことややっていることは、すべて真を突いているということだ。バフェットのような人生を歩んでいけば、きっとすばらしい人生を歩むことができると感じる。神は、この世の中で最も富を作って社会に返してくれる人に託したと見るとわかりやすい。その人物がバフェットといえるのではないだろうか。

実際、私も投資に限らずバフェットから、さまざまな面で多くのことを学んできた。不思議なことに、「なるほど、そのとおり」と、バフェットがいうことの多くが腹に落ちるのだ。バフェットから学ぶことは、決して投資についてだけではない。バフェットの歩みを見ながら、その人となりを見ていこう。

・好きな仕事を早く見つけた

バフェットは少年時代に、ピン・ボールの機器を設置して小銭を稼いだり、コカ・コーラをまとめ買いして、それを個別訪問して1本ずつ売って、鞘を稼いだりして、早くもお金儲けの才能を芽生えさせている。

株主総会の展示ホールで行う恒例の新聞投げも、バフェットが少年時代に新聞配達をしていたから、思い立ったものだ。

バフェットは、地元の図書館の「ファイナンス」とタイトルがつく本は、9歳までにすべて読み、そのうちいくつかは2回読んだという。お金についての知識欲は、並大抵のものではなかった。

こうして、バフェットは自分がやりたいことをいち早く見つけた。バフェットのアドバイスは、こうだ。

「自分の好きなことを早く見つけて、それを続けろ。私は毎日朝から晩までこの世で一番好きなことをしている。自分が好きなことをしよう」

バフェットは、まさに少年時代に自分の生涯の仕事を見つけ、始めたのだ。なるべく早く見つけることは、どういう効果を発揮するかというと、長く行えば行うほど、パワーを発揮できる複利効果を最大化できるということである。バフェットは少年時代から87歳の現在に至るまで、非常に長期間にわたり、仕事において複利のパワーをフルに発揮し続けてきたといえる。

バフェットは、好きな仕事を見つけるためには、いろいろな人に聞けとアドバイスする。

・人前で話すのが大の苦手だった

バフェットは、若い頃、人前で話すのが大の苦手だった。とにかく固くなってしまい、顔はこわばり、思っていることが話せない。これは何とか克服しなければと100ドル払って申し込んだのが、カーネギー話し方教室だ。バフェットは、この恩恵を楽しそうに語る。そしてオフィスには、その修了証書が大切に飾ってある。バフェットはこういう。

「何事にも思い切って挑戦することだ」

今では、人前で話すことに何の抵抗もなく、べらべらしゃべっていると屈託なく笑う。ところで、バフェットの話しぶりは、大変参考になる。リラックスしていて、ざっくばらんだ。また嫌味はまったくなく、ユーモアやウィットに富んでいて、聞いていてどんどん引き込まれていく。

・時間の使い方がうまい

バークシャーの取締役でもあるマイクロソフト創業者、ビル・ゲイツはバフェットから最も学んだこととして、「時間の使い方がうまい」ことを挙げている。自分の時間をいかに確保するかということである。バフェットやゲイツクラスの世界的有名人であれば、いくらでも会合への招待、インタビュー、講演依頼、名誉職への就任要請などがあるだろう。それらに時間を使うとなれば、24

時間あってもとても足りないだろう。

バフェット自身も若者にいっている。

「自分の時間をうまくコントロールすることが大事だ」

バフェット自身、1日5～6時間は時間を確保して、読書に使っているという。そこから、知識を深め、考えや視野を広めていくことができるという訳だ。

・付き合う人物を選んでいる

バフェットは、付き合う人物を選んでいることがうかがえる。バフェット自身、こういっている。

「自分より優れた人物と付き合え」

こうもいう。

「自分がこうなりたいと思う人と付き合え」

バフェットが深く付き合ってきた人を見ると、こうだ。投資の師匠、ベンジャミン・グレアム、ワシントン・ポストのオーナー、キャサリン・グラハム、バフェットの長年のパートナー、チャーリー・マンガー、キャピタル・シティーズ／ABCのトム・マーフィー、マイクロソフトのビル・ゲイツ……など。

バフェットはその人がどういう人と付き合っているかを見ると、その人物の人となりがわかるともいう。友人というものは、そう易々とできるものではなく、財産だ。いざというときには、貴重なアドバイスをしてくれ、また困ったときには救いの手を差し伸べてくれるのだ。できるだけ多く、自分より優れた人を友人に持つことが、一生の大事な財産になる。

・職住近接。自宅とオフィスは50年以上変わらない

バフェットは、青年時代にワシントンとニューヨークにいた以外に、生まれ故郷のネブラスカ州オマハを離れたことがない。そして、バフェットのオフィスは、自宅と同じ通りにあり、車で5分だ。バフェットのオフィスは、若いときから50年以上変わらない。そこに、バフェットは自分で運転して通い続けている。私も実際にその通りを運転したが、まったくの一本道で、通勤は楽なものだ。こうして、バフェットは通常我々が1時間、2時間かける通勤時間をなくしている。

毎日朝食を途中のマクドナルドで買って、昼もカフェテリアのようなところで買ってテイクアウトで食べれば、時間も使わない。そして、自分の好きなこと、学ぶことに時間を費やせるのだ。こうしたやり方がずっと続けば、非常にシンプルで合理的である。そして、そこから生み出された富は、途方もないものだった訳だ。その意味するところは何か。

それは、長い間、最もやるべきことを最も正しいやり方でやり続けて、どんどん成果が膨らんでいったということである。ここから我々が学ぶことは大きい。このやり方が、バフェットが最も複利効果を発揮してきたやり方ということである。

・人に好かれる秘密

バフェットは「ほめるときは固有名詞で、批判するときはカテゴリーで」とよくいう。決して、固有名詞で人を批判したりすることはない。また、人をほめるときは、もちろん固有名詞だが、徹底してほめる。それはアニュアルレポートの株主への手紙や講演などからも、よくわかる。

人はほめられれば、やる気も出る。表情も明るくなる。こうして、バフェットの周りには、暖かい空気が広がっていくのだ。周りにいる人たちの顔も穏やかで、いい意味で触発されたようにいきいきとした表情になる。

バフェットの自宅

2011年11月イスラエルの世界的切削工具メーカー、IMCの子会社となったタンガロイ（旧東芝タンガロイ）の工場開所式に来たとき、「エンジニアになるとしたら、タンガロイで働きたい」といったそうだ。

これは公式メッセージ扱いとのことで、タンガロイの社長、社員はいたく喜んだそうだ。

また、ユーモアは格別だ。たとえば、「レジュメ作りのために職を替えていくのは、やりたいセックスをずっと後に延ばすようなものだ」「バークシャーが市場株式を買え、企業買収もできるということは、土曜日の夜に男性、女性両方とデートできるということと同じだ」「100万ドル、1億ドル、10億ドル、ただ今マイクの試験中」

また、バフェットは若い人に対する教育について、大変熱心だ。オマハに学生を集め、講義を行ったり、各地の大学の講演にもたびたび訪れている。また小学生、中学生くらいを対象に、生き方、仕事で成功する方法、お金の貯め方、使い方、積み上げ方について、バフェット自身が先生として子供たちに教えるDVDやアニメが入った本『シークレット・ミリオネアーズ・クラブ―バフェットのビジネス人生成功の26の秘訣』で解説している。

バフェットはこういう。

「私くらいの年になると、愛されたいと思う人に何人愛されているかで、人生の成功が測られる。表彰祝賀のパーティーを開いたり、病棟に自分の名前を冠したりする金持ちを知っているが、真実は世界の誰も、彼らを愛さない。あなたが私くらいの年になり、誰も愛してくれる人がいなければ、いくらその銀行口座が大きくてもどうしようもないと思う」

・バフェットの人間性、9つの魅力

1　人間としての信頼を重んじる

1990年代前半、米大手投資銀行、ソロモン・ブラザーズがアメリカ債価格不正操作で連邦政府から弾劾されたとき、急遽、同社会長として救済に入ったバフェットが、連邦議会で証言したときの言葉は、今でも語り継がれている。

「私は、会社のために行った仕事でいくらお金を失っても許す。しかし、新聞一面の見出しで家族を悲しませるような不祥事を起こした場合は、容赦はしない」

バフェットは、何兆円もの額で会社を買収するとき、「その経営者は、信頼できる人物か（If they are trusted people.）」に最大の眼目を置く。数百億ドルという買収に際しても、結局は「信頼がすべてだ」というところに、深い意味を感じる。

2　常に楽観的、前向きである

市場が非常に不透明なとき、バフェットがいった言葉は秀逸だ。

「アメリカが独立した1776年からこれまで、アメリカには南北戦争、大恐慌、第2次世界大戦など、何度の困難があったか数え切れないが、1776年当時の人が現在のアメリカを見れば、その繁栄に思わず目を疑うだろう。現在アメリカに生まれた子供は、本当に幸運である。アメリカの輝かしい繁栄はこの先にある」

正直なところ、こういう立派な人物がいるから、アメリカは繁栄するのだ、という気にもなってくる。

3　人に気持ちよく接する

バフェットが、傘下の経営者や友人、知人の個人名を出すときは、いつもほめるときだ。恩師のベンジャミン・グレアム（バリュー投資の開祖）、60年来のパートナーのマンガー、経営を教わったトム・マーフィー（キャピタル・シティーズ／ABCの元経営者）などは恩人として、いつも引き合いに出すし、傘下の経営者の名前を挙げるときは、傍からはまさにほめ倒すように聞こえるほど、賞賛する。そのため、ほめられた人はますますがんばる。一方批判するときは、固有名詞は絶対に出さない。

4　ユーモア、ウィットに富む

以下は、バフェットがいったユーモアにあふれた言葉だ。

・人の性格は変わらないことについて
「一生惨めな生活を確実にしたいなら、伴侶の行動を絶対に変えようと思って結婚することだ」
・投資における時間、規律、忍耐について、「株主への手紙」の中で
「もし9人を妊娠させても、1カ月で赤ん坊は生まれない」
・株主総会Q＆Aセッションにて
「もし途中でトイレに行きたくなったら、チャーリーが話しているときに行って」
・2016年株主総会の株主の質問「もしトランプが大統領になったらどうなるか」に
「それはあまり大事な問題ではない」
・同じく「トランプが大統領に選ばれる確率は？」

「0%よりずっと上」

・同じく株主より「ウォーレン、ユーモアのセンスはどこから来るのか」

バフェット「チャーリーのほうが、私よりセンスがあるからチャーリーに答えてもらう」

マンガー「世の中を正確に見れば、おもしろくて仕方がない。なぜなら、ばかげているからだ」

5　正直、誠実、清廉を重んじる

正直、誠実、清廉を、英語で一言で言うとインテグリティ（Integrity）となるが、この言葉をバフェットはたびたび口にする。まず何より、バフェット自身がこれを体現している。バフェットの表情には、けれんみがなく、実にすがすがしい表情をしている。

「よい倫理は、よいビジネス」と昔からよくいわれるが、バフェットがきれいな、まっすぐな目で、何の後ろめたさもなく、物事を見て、判断してきたから、ここまでのことを成し遂げたといえるだろう。

また、このような成果を上げ続けられたパワーの秘密は、「正直、清廉」にあったのではないだろうか。バフェットが企業を買収するときの大きな判断材料は「経営者が、経営能力が高いというより、信頼できる人物か」であることは、前にも述べた。

6　大変な倹約家である

　バフェットは「プライベート・ジェットに乗る（傘下にそのビジネスの企業がある）以外は、皆さんと同じ生活をしている」という。食事はチェリー・コークとハンバーガーが多い、自宅は普通の住宅地に50年以上前に３万１５００ドルで買い、ずっと住んでいる。その家を私は訪れたが、普通の住宅街の一角にある。

　バフェットは金持ちになると、人はいくつも別荘を買ったり、自宅を広大にしたりするが、そんなことをしたら管理が大変で、人を雇ったりしなければならず、ときにはものを盗まれたりすることもあるだろうといっている。

　そして、給料はスタッフより安い10万ドル、しかも、その半分は返しているという。スーツやワイシャツは中国に行ったときに大量に買い込んだものとのことだ。

　株主総会に来るときは高くなるホテルよりＡｉｒｂｎｂ《エアビーアンドビー》で民泊しろとか、（株主総会需要でオマハはレンタカー代が高騰するから）１００km離れた都市から来たほうが、レンタカー代がはるかに安いなど、言葉の端はしに「お金はなるべく使わない」という雰囲気が出ている。

　バフェットの執務室はいたってシンプル。パソコンはなく、机は父が使った机、あるのは書類トレイと電話のみ。あとは、本や書類ばかり。ここが、自分の資産を８兆円にし、バークシャーの時価総額を50兆円にし、世界中の投資家に、投資とは何たるかを教え、数百兆円もの価値をもたらすほどのよい影響を与えている投資家のオフィスなのだ。

また、バフェットは車で5分のオフィスへ、マイカーを運転していく。朝の通勤途中で、朝食用にマクドナルド・ハンバーガーをドライブスルーで買う。それがまたすごい。

「私が、あまり懐が温かく感じないときは、2・61ドルのソーセージ2個付きのパティだ。今日は妻に、マーケットが下がったから、カップに2・95ドル入れておいてくれと頼み、2・95ドルのソーセージ、エッグとチーズ付きハンバーガーにする。上がったときは、3・17ドルのベーコン、エッグとチーズだ」

8兆円に及ぶ資産を持つ人物の朝食が、毎日これだ。バフェットにとっては、何のおかしいところもないのだろう。一度習慣になると、まったくそれが当たり前になることの典型例だ。

7　学び続ける器械である

バフェットはいろいろなところに登場するが、読書するバフェットという姿はなかなか見られない。バフェットは仕事をしている時間のほとんどを、読書に使っているとしたら、意外だろう。

バフェットは、自分の時間の確保に十分気をつける。それもみな、本や書類を読む時間を確保するためだ。バフェットにとって、その時間は最も大切な時間なのだ。バフェットは1日5〜6時間を、新聞5紙、フォーブス、フォーチュンなどの有力5誌、古代哲学、近代経済学、歴史などさまざまなジャンルの書物、会社のアニュアルレポートなどを読むのに使っている。

デスク前のバフェット（HBO, Becoming Warren Buffettより）

めったに行かない海外にプライベート・ジェットで行ったとき、ダンボール何箱も、書物や雑誌を詰め込んでいった。読む速度は、非常に速いという。87歳の今になっても、その知識欲たるや、ものすごいものがある。

マンガーは、バフェットは止まることのない学ぶ器械で、今でも進歩しているという。

「もし、バフェットが学ぶことを早い時期にやめていれば、大した成果もなく、終わっていただろう。バフェットは、ローマ時代のマルクス・アウレリウスに似て、弛《たゆ》まざる自己鍛錬を続けている。それは、彼にとって、息をしているように自然なのだ」

バフェットが、1999年のＩＴバブルの頃、ＩＴ企業には、よく理解できないから投資しないといっていたが、常に学び続けて、理解できる領域を広め、ＩＢＭやアップルなど、ＩＴ企業にも投資するようになってきている。

市場株式の運用担当者2人にも、バフェットは「1日500ページ読め」といっている。そのため、2人のうち1人は仕事中のみならず、自宅に帰って食事した後も含めて、1日12時間読み続けているというほどである。

8　決断は早く、果敢である

バフェットは会社を買収するのに、シャワーを浴びている間に決めたといっているように、10分、15分の時間で決められるそうだ。買収された会社の経営者は、バフェットと買収の話をしたとき、自動車免許を更新するときと同じように、簡単だったといっている。

さらに大事なこととして、バフェットは「チャンスは逃すな、チャンスであれば大きく行け（勝負しろ）」ともいっている。人生においてチャンスなど、何度もないから、それが大きなチャンスかを見極められることも、大事といっている。

9　複利効果を最も体現している人物である

バフェットが投資で成功した理由は、よい銘柄を持ち続けることにより、複利効果を最大にしているということだ。バフェットの資産の99・5％は52歳以降に作られた。また、バフェットは、複利効果を自分自身の人生においても体現したといえる。ますますバフェットへの評価が、雪だるまが大きくなるように大きくなっていることからも、それははっきりと感じることができる。

バフェットがこれだけの富を生み出すことができたのは、自然の摂理に則り、人間として最も理想的な生き方にかなうから、可能になったと見るべきだろう。

【参考情報】

■バフェットのさまざまな視点

バフェットは、株主総会、株主への手紙、講演、インタビューなど、さまざまな場面で、投資にまつわるさまざまな視点や考え方を話している。それは多岐にわたり、またそのとおりとひざを打つような内容が大変多い。

これらを学んでおくことは、あとあと大変応用が利く。ここでその一部を紹介しよう。

・アメリカの未来に対する圧倒的な信頼

バフェットは自分が成功した理由は、アメリカに生まれたからだといっている。世界の中でアメリカに生まれる確率まで持ち出して、なんと自分は幸運だったのかといっているのだ。２０１４年の株主総会でバフェットはこういっている。

「実に誰が過去２３７年間、アメリカに反して賭けて利益を得たか。今の我々の国の状況を１７７６年（独立宣言の年）と比較すれば、あまりの発展に目をこするだろう。そして、我々の市場経済に組み込まれたダイナミズムは、そのマジックをこれからも発揮し続けるだろう。21世紀はさらに伸びる。アメリカの最高の日々は、この先にある」

バフェットは、投資においては常に、このような楽観的、肯定的姿勢を一貫して保っている。

バフェットの現在の海外企業投資

	国名	業種	投資開始時期	出資割合	投資額
サノフィ	仏	医薬	2006年	1.70%	16.9億ドル
IMC	イスラエル	切削工具	2006年	80%*	50億ドル*
BYD	中国	電気自動車 充電バッテリー	2008年	10%	2.3億ドル
デトレフ・ルイス	ドイツ	バイク アクセサリー 小売	2015年	100%	4億ユーロ

*2013年に残り20%を20億ドルで獲得

一方でバフェットの海外企業への投資は、限られている。アジアでは中国のBYDを保有している。また、バークシャーの規模からは、海外企業の買収という面では、イスラエルの切削工具メーカーのIMCが本格的な企業買収といえる。

なお、バフェットは、これまでドイツのミュンヘン再保険、スイスのスイス再保険、英国のスーパー・ストアのテスコ、韓国の鉄鋼メーカーのポスコ、中国国営企業のペトロチャイナを保有していたが、いずれも売却している。バフェットによれば、魅力的な投資案件があれば投資したいが、海外企業の情報はなかなか入ってこないという。マンガーによれば、アメリカの企業に投資していれば、十分海外企業に投資しているのと同じ効果が得られるという。確かに、アメリカから国際分散投資をしても効果が少ないという調査結果も出ている。バフェットも、積極的に海外の情報を集めようという意識が少ないのかもしれない。

・バークシャーの経営者の役割とは

バフェットは、バークシャーの50周年にあたり、バークシャー株主に向けた「バークシャーの今後の50年」の中で、彼の後継者、バークシャーを率いるＣＥＯの条件として、次のようにいっている。

「バークシャーの経営者の役割は、傘下企業での優秀な経営陣の選定と継続、資本配分だ。また、必要な際の経営陣の入れ替えだ。これらの役割を果たすためには、後継者はビジネスへの広い理解と人間行動への優れた洞察力を持つ、合理的で、穏当で、決定力がある人物である必要がある。自分の限界を知っていることも重要だ。

人間性は重要だ：バークシャーのＣＥＯは〝すべて〟が会社のためで、自分のためであるべきではない。必要な額を大きく超えて報酬を得ることになるだろう。それでも、たとえ最も豪勢に報酬をもらえる経営者を大きく超える実績を上げていたとしても、同じレベルの報酬をもらえると考えるべきではない。ＣＥＯの振る舞いは、傘下企業の経営者に極めて大きなインパクトを与える。株主の利益がＣＥＯにとって最高のものであるということが、傘下の経営者にわかれば、彼らは、わずかの例外を除いて、そのような考え方をわきまえるだろう。

後継者は、もう1つの特別な強みが必要だ：ビジネスの陳腐化のＡＢＣを知っていることだ。それは傲慢、官僚化、自己満足だ。これらの癌がのさばると、どんなによい会社でも、ぐらつく。

絶えず警戒を怠らない、決断力あるＣＥＯが、バークシャーが大きくなっても、弱体化させる要因を跳ね除けることができる。

ＣＥＯはチャーリー・マンガーの請願を忘れるな：「『私がどこで死ぬか教えてください。そうしたら私はそこに行きません』を決して忘れてはならない。〝経営トップの気風〟が、バークシャーのカルチャーを維持するカギである」

このバフェットの言葉は、経営者の役割やあるべき資質、陥りやすい罠などについて語ったもので、明確でわかりやすい。まるで経営学の教科書のようである。

バフェット亡き後の準備は整っている。しかしながら、株主総会、学生への講演、メディアでのたびたびのインタビューなどのバフェットの活動を見ていると、60歳の経営トップとまったく変わらない働き振り、頭脳の明晰さを保っている。２０１７年現在、そういった心配は当面無用のように思える。

・自社株買いについて

バフェットは、自社株買いについて、2016年の「株主への手紙」でコメントしている。一般投資家は、自社株買いをする会社は、株主を重視するいい会社という受けとめ方をするのが通常だが、バフェットによれば必ずしもそうではない。バフェットの自社株買いへの考え方から、自社株買いを理解しておくことは有用だ。

バフェットによれば、会社の本質価値より高く自社株を買うことは、株主価値を毀損するという。自社株買いが価値を高めるかどうかは、買い付け価格次第ということだ。したがってバフェットはこういう。

「会社の自社株買いの発表で、この価格より上では買わない、といわないのが不思議だ。買収をするかしないか、買収価格を慎重に見極めるのとは、好対照だ」

そしてこう提言する。

「自社株買いを検討する前に、最高経営責任者（CEO）や取締役会は、『ある株価では自社株買いは賢明だが、別の株価では愚かだ』ということを、声高らかに宣言するべきだ」

バークシャーは、自社株買いする価格を、1株当たり簿価の120％以下と公表している。本質価値はもっと上だが、多分に正確に測れないので、簿価にしているという。簿価の１２０％は極めて割安で、自社株買いは価値を生み出すものだということ、本質価値は簿価の１２０％よりずっと上だということをバークシャーのトップが発信している訳だ。

現在のバークシャーの株価簿価倍率は１・５倍程度なので、さらに20％ほど下がらないと自社株買いはしない。このように公表しているので、このレベルに近づいてくれば、市場での買いが入りやすくなるという効果もある。

バフェットはこうもいう。

「株価が割安でも、自社株買いをしないほうがいいケースは2つある。1つは、会社が借金を増やさないほうがいいと判断する中で、事業を拡大するために、使える資金をすべて必要とするとき。もう1つは、通常あまりないが、事業買収が、割安にある自社株を買うよりずっと大きい価値を提供するときだ」

一方で、自社株買いの是非の議論が沸騰する中で、バフェットはこうもいう。

「自社株買いに傾注し、生産的な活動に資金をつぎ込まないことは、非アメリカ的だとまでいっている人もいるが、それは、そうではない。アメリカ企業や個人投資家とも、投資に充てられる資金を十分に持っている。最近私の知る限り、資金が十分でないために有望なプロジェクトが没になったということはまったくない」

アメリカ企業は利益を上回る株主還元をして、肝心の本業への投資に回っていないのではと見られているが、そういうことはないといっているのだ。

私（筆者）は、アメリカの優良企業はキャッシュを生み出す力が強いと見ている。そのため、資金ショートを起こすことがなく、本業への投資にも回せるし、自社株買いや株主還元にも充当できる。資本配分・借り入れのマネージメントに長けているともいえよう。日本企業は、このあたりをよく見習うべきだ。

・バフェットは高い運用コストに対して、極めてきびしい

バフェットは、ヘッジファンドや一般の投資信託の高い手数料に対して、極めて厳しい見方をしている。

バフェットは、2017年の「株主への手紙」の中で、ほぼ5ページにわたり、ヘッジファンドのコストの高さを厳しく批判した。バフェットは、2008年1月から今年一杯まで10年間で、ヘッジファンド・マネージャーが選んだ5つのファンド・オブ・ヘッジファンズとバフェットが推すバンガードS&P500インデックスファンドのどちらが勝つか、100万ドルの賭けを行っている。

「株主への手紙」で公開した昨年までの9年の途中経過は、選りすぐりのヘッジファンドが累計で＋85・4％で、ほぼ＋22％、何もしないで持っているだけのS&P500インデックスファンドが勝負ありだ。

バフェットは、ヘッジファンドで一般的な2％運用費用、20％成功報酬の仕組み、通常1％のファンド・オブ・ファンズのマネージャー費用、さらには過剰に取引するコストに、運用益の約60％をとられていると試算している。

一方、バンガードS&P500インデックスファンドの信託報酬は大変低い0・14％。圧倒的なコスト差だ。インデックスファンドは指数どおりに運用すればいいので、過剰に取引することはなく、取引コストも微々たるものだ。バフェットはこういう。

「何兆ドルものお金が、高い手数料をとるウォール街で運用されるとき、特大の利益をとるのはウォール街で、お客ではない」

また、バフェットは2017年の株主総会の冒頭で、会場に招いたインデックス運用で世界最大手のバンガード創業者、ジョン・ボーグルを讃えた。「ジョンは、1975年にS&P500指数に連動する投資信託を立ち上げ、それ以来コストの安いインデックスファンドを広めたことにより、一般投資家に途方もない恩恵をもたらしてきた。これからも低コストのインデックスファンドは、さらに途方もない恩恵をもたらし続けるだろう」

・バフェットが妻に遺す財産の90％はS&P500インデックスファンド

バフェットは、妻に遺す財産の90％をバンガードのS&P500インデックスファンドにしている。インデックスファンドは、指標となる株価指数に連動することを目指す運用をするのだが、個別銘柄投資をこれまでずっと続けてきたバフェットがインデックスファンドを推すことには、やや違和感がある。株主総会でも、妻へ遺す財産をなぜバークシャー株にしないのかとの質問が出ている。

これに対してバフェットの答えは「妻への遺産は十分すぎる額になっていて、増やす必要はない。それよりも、安寧な気持ちでいてもらいたいからだ」

バフェットがインデックスファンドを勧める背景には、バンガードのS&P500インデックスファンドの信託報酬が0・14％というように、非常に運用コストが安いことがある。インデックスファンドを上回ろうとする積極運用（アクティブ）型ファンドは、企業分析、マクロ経済分析のリサーチ費用、トレーディング担当者、ポートフォリオマネージャー、コンプライアンス費用、取引コストなどから、運用コストが非常に高くなり、信託報酬では2％に及ぶものもある。こうなると、投資利回りが5％であれば、4割は費用として引かれてしまい、どんなにいい運用でも、コストに引っ張られて、インデックスファンドに負けてしまうというケースがほとんどになる。バフェットは、こういったコストの高いファンドをきびしく批判しているのだ。我々投資家も、十分運用コストを意識して、資産運用に臨む必要がある。

・デリバティブ：金融の大量破壊兵器

バフェットは、2003年の「株主への手紙」の中で、「デリバティブは金融の大量破壊兵器――FINANCIAL WEAPONS of MASS DESTRUCTION」といっている。「今は隠れているが、多分致命的になりうる危険を抱えている」

そして、これが2008年のリーマンショックで現実のものとなった。

バフェットはこの「株主への手紙」の中でいう。

「デリバティブは時限爆弾のようなものだ。ジェン・リー（ゼネラル再保険）を買収したとき、いっしょについてきた証券子会社はデリバティブ・ディーラーで、持っていても危険だと思って、売ろうとしたが、売れなくて、今ではそのデリバティブの解消に大変苦労している。一度契約に入ったら、抜けるのはほとんど不可能だ。

また、デリバティブの評価に恣意性が入り、利益操作を誘引しやすい。トレーダーやトップがインセンティブ報酬制になっていれば、デリバティブ取引の利益をかさ上げして、報酬を多くすることもできてしまう。そして、ずっと後になって、それは〝でっち上げ〟だったとわかり、損をするのは株主だ。

デリバティブは、外部要因による格下げで、追加担保を入れる必要が突然生じたようなとき、すぐに資金を調達できず、さらに格付けを下げるマイナスのスパイラル効果をもたらし、破綻に持って行く。連鎖的リスクも作られる。多くのデリバティブ契約者のつながりの中に、莫大な債権・債務関係が生まれてくる。契約者は分散しているから、危なくないと思っているかもしれないが、あるきっかけで契約に参加しているA企業が履行不能になると、B企業に連鎖し、Z企業にまで及んでいく。

歴史は、危機はしばしば平穏なときに、夢にも思わない流儀で、連鎖して起こることを教えている。銀行間では、連邦準備制度理事会（FRB）が、連鎖危機が起こらないように対処するが、保険やデリバティブでは、ドミノ破綻を防ぐ中央銀行はない。健全な会社も、このようなデリバティブ契約の中で、ほかの会社の苦難の影響をチェーン効果で受けて、困難な状況になってしまう。だから、我々はデリバティブから抜け出ようとしているのだ。

特にクレジットリスクのような巨大なリスクが、大変限られたデリバティブ・ディーラーの手に集中するようになった。そして、その間で、広範に取引される。あるディーラーのトラブルはすぐ伝播する。さらにこれらのディーラーは、ディーラーではない相手方に履行義務を負っている。こういった参加者は、ある出来事で突然トラブルに陥るという形でつながっている。このつながりが、突然表面化すると、重大なシステム的問題を引き起こすのだ。

デリバティブの幽霊は、すでに十分瓶から出てきている。そして、これらの道具は、ある出来事がその汚染度を明らかにするまで、種類と数で増え続けるだろう。デリバティブは、金融の大量破壊兵器だ。そしてそれは、今は隠れているが、致命的になりうる危険を抱えている」

これは、２００３年にバフェットがいった言葉だ。まさにバフェットの警告はそれから5年後、２００８年9月に、リーマンショックという形で、現実のものとなったのだ。ちなみに、２０１７年3月末のアメリカ主要金融機関のデリバティブ・ポジションの金額と総資産は、１７６ページの図表のようになっている。

リーマンショックの教訓を得た後も、レバレッジを大きく利かせていることがよくわかる。ある面で、懲りない面々なのである。我々は、もうリーマンショックのようなことは起こらないとは、決して考えないほうがいいことを示唆している。

・コンサルタントについてのバフェットの見方

「もし、取締役会が報酬コンサルタントを雇ったら、私は墓から戻ってくる」

これは、バフェットが２０１７年の株主総会で語ったもので、もちろんジョークだが、バフェットのコンサルタントへの見方はそれほど厳しい。バフェットはいう。

「私が、傘下企業のＣＥＯの報酬を決める報酬委員会のただ一人のメンバーだ。どのくらい時間を

アメリカ主要金融機関のデリバリティブポジションと総資産

	デリバティブ保有残高（兆ドル）	総資産（兆ドル）
JP・モルガン	63.47	2.55
シティ・グループ	45.49	1.82
バンク・オブ・アメリカ	23.42	2.25
ゴールドマン・サックス	31.98	0.81

2017年3月末現在

使うかって？　実質ゼロ。何人のＣＥＯがほかの仕事を探しに、バークシャーを離れた？　まったくいない」

報酬コンサルタントのアドバイスは、上位１／４の会社のトップの報酬はこの程度だから貴社もこのレベルと、どこでも同じようなものを提示したり、トップに気に入られ契約を続けてもらえるように、甘い額を提示したりして、その会社のカルチャーや特徴を踏まえた報酬の仕組みを提示することは、望むべくもないとバフェットはいう。

また、Ｍ＆Ａのアレンジャーや経営コンサルタントは、仕事をやっているように見せるために分厚い資料を作り取締役会に見せたり、デューディリジェンスに長い時間をかけたり、工場の実地調査をしたりするが、肝心の焦点がぼけてしまい、買収をやめてしまう誤りを犯したり、経営が教科書的になってしまったりするとバフェットはいう。かえって邪魔だといわんばかりだ。

「正確にやって間違えるより、大雑把につかんで正しいほうがいい」とバフェットはいうが、これは非常に重い言葉だ。デューディリジェンスはあまりにも細かいところばかり見すぎて、大局を見誤ることがあるということだ。

■2017年株主総会の主なQ&A

ここで、いよいよ2017年の株主総会Q&Aを紹介しよう。2017年も60近い質問が出た。そのすべてを紹介すべきところだが、スペースは限られるので、その中から投資や人生に参考になるいくつかを紹介しよう。

Q1. バークシャーが2016年末で280億ドル相当、10%を保有する筆頭株主のウェルズ・ファーゴ（アメリカ第3位の商業銀行）が行った210万口座の無断開設の営業行為スキャンダルについて、独立取締役がまとめた報告書によれば、「原因はウェルズ・ファーゴが非集権的で、幹部に裁量権を与えすぎたこと」としているが、バークシャーも非集権的で、傘下企業の経営者にかなりの裁量権を与えているが、ウェルズ・ファーゴのようなリスクはないのか。

バフェット：確かにバークシャーほど、非集権的な形態の会社はないが、我々は法律やルールより行動原則が大事だと思っている。正しいカルチャーを作り、それが自ずと取締役や経営者を選べば、行動という面で、1000ページの規定集を持つより、いい結果を生むと考えている。ウェルズ・ファーゴは3つの過ちを犯した。まず、あやまった実績評価制度だ。1人のお客にどれだけクロスセリング（複数の商品・サービスを提供）を行ったかを評価するので、社員が無断で口座設定に走った。2つめは、経営トップがその事実を知ったのに、対応が遅れたことだ。最高経営責任者（CEO）はそれを知ったら、すぐにとめなければならない。3つめは、罰金が1億8500万ドルと、住宅抵当証券不正販売での数十億ドルの罰金に比べれば、軽いと事態を重く受け止めなかったことだ。

マンガー：大組織になると、コンプライアンス部門も巨大になるが、コンプライアンス部門があれば、すべて解決するというものではない。我々バークシャーは長年、誰をトップに選ぶかに十分注意を払い、信頼のカルチャーを持ってきたから、そういう問題は少ない。

バフェット：チャーリー（マンガーのファーストネーム）は、ベンジャミン・フランクリンの言葉をよく引用する。1オンス（約30g）の予防は、1ポンド（約454g）の治療に値する。

筆者コメント：このような不祥事は、企業カルチャーに根ざしたものが多い。もちろんバークシャー企業群に不祥事がまったくないという訳ではないが、バークシャーのカルチャーは、誠実・高潔を旨とするカルチャーであるといえる。

Q2. 確実に当たる（スイート・スポット）案件は、どう探すのか。

バフェット：我々は、投資対象を見るとき、5年、10年、20年とその会社が今の競争優位を持てるか、バークシャーのカルチャーに合うか、また、経営者が信頼でき、バークシャーのカルチャーにぜひ加わりたいと考える経営者かを、十分見極める。そして、もちろん買収額だ。その金額に対し、どれだけ収益を上げるか、その見通しがよければよいほどいい。その基準でぴったり合致したのが、1972年に2500万ドルで買ったチョコレートのシーズキャンディだ。当時の税引き前利益は420万ドルだったが、これまで税引き前で20億ドルは稼いでいるだろう。買収を検討したとき、人々は必ずしも安いことがチョコレートを買う選択肢ではないと考えた。妻やガールフレンドに、バレンタイン・デーに「今年は安いものを買ってきた」とはいえないだろう。今では、買収先として、ずっと大きい〝シーズキャンディ〟を探している。

マンガー：我々は、シーズキャンディを買うまで、ものすごく安いがひどいビジネスばかり探す癖があった。そして、直らないものを直そうという、たくさんのひどい経験をした。かえってそれが幸運だった訳で、そのあとはそういう案件は避けることが得意になった。シーズキャンディを買っていなければ、コカ・コーラは買っていなかっただろう。人生を立派に送るためには、ただ、いつも学び、学び、学ぶことだ。このシーズキャンディへの投資は、私のビジネス上の体験で最も価値ある体験だったが、それはその前に長い、長い間学んでいたからだ。

バフェット：豚の耳から絹の財布は作れないことを学んだ。だから、その後（シーズキャンディ買収後）は、絹を探しに行った。

筆者コメント：シーズキャンディ買収まで、質は横において安いものばかりに目が行っていたバフェットやマンガーに、シーズキャンディの買収はキャッシュを生み出す力、ブランド価値をわからせた大きな転機となる買収だった。

Q3．今年ＩＢＭを売り、アップルを買ったが、同じＩＴ企業でも違って見ているのか。

バフェット：ＩＢＭはもう少し早く事業構造改革を進ませると踏んでいたが、思っていたより時間がかかっている。またマーケットの上昇に比べ、大きく遅れていた。そのため保有分の30％を売却した。しかし、損はしていない。ＩＢＭでは、2つの誤りを犯した。1つはいろいろな面で、勝者を予測することが難しくなったということ、2つめはクラウドサービスのようなものの価格競争がどの程度か、読みあやまったことだ。アップルは消費者向け製品事業であり、消費者行動が今後どう動くかによると見ている。ＩＢＭとは製品の販売対象層が違う。この分析が正しいかはわからないが、2つの投資は、違った判断によるものだ。

マンガー：バフェットがアップルを買ったことは、いい徴候だ。気が狂ったか、学んでいるということだ。学んでいると思いたい。我々は、グーグルも検討していた。グーグルの広告は初めのころ本当にうまくいっていた。だが買わなかった。ウォルマートもそうだった。絶対の当たり目だったが、買わなかった。そういうことはいつもやっている。

バフェット：そのとおり、検討はしていても、実際にやることが大事だ。

筆者コメント：ＩＢＭの一部売却は、バフェットがどのような観点で株を売却するのかという面で興味深い。今回の売却は、アマゾンの強い競争力が大きな要因となっている。

Q4. 我々（中国人の運用アドバイザー）は、中国で投機ではなく、もっと価値評価による投資を広めようとしているが、いい方法はないか。

バフェット：ケインズは、一般理論の中で、投機や人間が投機に向かいやすいこと、そして、その危険についてうまく書いている。投機が盛んになると、人々は興奮し出す。自分より頭がよくない隣人が、株を買うことで金持ちになるのを見ているほど、つらいものはない。マーケットは一面でカジノのような面があり、過熱していく。特に中国のように、まだ未成熟な市場は、さらにそうだ。投資家には、荒っぽい投機がかえってチャンスになる。市場が投機によって大きく下げてきたときに、バークシャーは恐がらずに、適切に振る舞える。だから、ただ投資を広める努力を続ければいい。そして、マーケットが大きく振れたら、それは逆にうまく利用できる場を提供しているとわかる人を増やして行ったらいい。

筆者コメント：バフェットのコメントは、市場が下げたときに冷静に振る舞う（安くなったら買う）という至極当たり前のことをいっている。このように至極当然のことだが、いざとなるとやれないことが多い。

Q5. バークシャーは、以前は資本が軽くて現金を創出する会社を買っていたが、現在は低成長で資本多消費型企業（たとえば、鉄道、電力、パイプラインなど）を買っている。資本が軽く現金をたくさん生み出す企業をもっと買ったほうがいいのではないか。

バフェット：ぜひそうしたい。アップル、アマゾン、アルファベット（グーグルの持ち株会社）、フェイスブック、マイクロソフトの時価総額上位5社は、2・5兆ドルの時価総額を持ち、アメリカ企業の時価総額の10％に迫るだろう。これらの会社はみな資本を必要としないで、経営できる。アンドリュー・カーネギーやロックフェラーの時代とまったく違う世界だ。資本を必要としないでほとんど無限のROEを上げられ、しかも成長するビジネスは、理想的なビジネスだ。このような会社を我々が見つけられれば、それはずっと、ずっといい投資だ。

マンガー：アップルとかグーグルは今や世界のトップだ。世界はずいぶん変わった。正しい判断ができて、こういうビジネスに入ってきた人たちは、以前に成功した人たちとはまったく違う。そして、これからもこの傾向はずっと続くだろう。

Q6．どのセクターに最も強気で、どのセクターにもっとも弱気か

バフェット：我々はマクロやセクターでは見ない。あらゆるビジネスを、常に見ている。それはほとんど趣味といっていい。買収のアプローチが来るのを待っているし、あらゆるフィルターを持っていて、その案件がいけるかどうか、ほぼ5分以内にわかる。しかし、セクターでは見ない。我々は消費者行動が予測できる商品の優位性を持つ会社を好む。しかし、20年、30年前と違い、消費者行動を予測するのは難しくなっている。また、買収自体が、レバレッジを利かせる買収ファンドにより、非常にコンペティティブになっている。一方で、お金は十分に持っていても、仕事が好きで

これからも今の仕事をやり続けたいと願う経営者は、バークシャーに来る。

マンガー：買収はレバレッジ・バイアウトにより、大変競争が厳しくなっている。彼らは、資金調達をすばやく、いい条件でできる。そして、高くても買う。一方で、仕事が好きで、プライベート・エクイティにきれいにドレスアップされてから売られるのを望まない、少ないが一定のグループの人もいる。

筆者コメント：バフェットが好む「消費者行動が予測できる商品の優位性を持つ会社」には、前掲のシーズキャンディ、コカ・コーラ、以前持っていたジレットが該当する。

Q7. 経営者に最も求められる資質とは

バフェット：経営者として、資本をどこにどう投下するか（Capital Allocation）の決定は非常に重要な役割だ。これが最も求められる経営者の資質といってよい。しかし、多くの大企業では、専門能力や売上成績でトップにつく。法律部門とかマーケティング部門とかからだ。そして、トップについてから資本配分に関わる。それでは、ずっとピアノを演奏してきた人がいきなりカーネギー・ホールでバイオリンを渡されるようなものだ。かなり前からマネー・マインドを養われたプロの経営者が求められるのだ。

筆者コメント：アメリカでもこのように経営者の資質という面で、その適材能力が問われる中で、日本企業では、一層この問題は顕著だ。

Q8．３Ｇキャピタルと共同買収したクラフト・ハインツが、大規模な人員削減をやっているが、３Ｇは我々とカルチャーが違うのではないか。

バフェット：人員削減は喜ぶべきものではないが、より少ない人数でできる生産性の向上により、アメリカは２００年以上にわたり非常に大きな恩恵を受けてきたことは確かだ。３Ｇは、クラフト・ハインツでそれと同じことを、速いスピードでやっている。また、商品の改良、イノベーションにも、すばらしいレベルで取り組んでいる。多くの人にとって変化は苦痛で、私もできればやりたくはないが、より生産的になることは、アメリカにとって絶対必要だ。なぜなら、それが１人当たり消費や１人当たり生産性を上げる唯一の方法だからだ。

マンガー：３Ｇがやっていることに、何も間違っていることはない。しかし、誰をもよくする訳ではないので、政治的に何か反応がある（批判がある）ということはある。

Q9．１０００億ドル近い現金（２０１７年第２四半期９９７億ドル）を抱えている。昨年、１株当たり簿価の１・２倍での自社株買い実施基準を上げる可能性に言及したが、現在はどうか。

バフェット：いずれ遠くない時期に、私が生きている間でも、配当を出したり、自社株買いの基準を緩める方向に見直したりすることもあるだろう。もし過剰になった現金が当面投資に向けられず、自社株買いが株主にメリットのある株価でできれば、それはそれで大いに意味がある。しかし、今のところ、そこまで株価が来ているとは見ていない。これまでがそうであったように、来週、あるいは9年後かもしれないが、マーケットが味方して、我々にチャンスが来るかもしれない。一方で、3年もたってから、現金が1500億ドルになって、「まだ我々はすばらしいことができるから待っていてくれ」ともいえない。

Q10. 市場株式運用担当のトッド・コームズ（2010年入社）とテッド・ウェシュラー（2011年入社）がバークシャーに加わった後、バークシャーの時価総額は2倍になり、保有現金は1000億ドル近くになったが、2人に同じように配分されていないようだが、どうしてか。

バフェット：同じように配分されている。最初は1人で20億ドルずつ運用したが、今では1人で100億ドルずつを運用している。2人を入れたことは、大変よい決定だった。私よりよいくらいに、2人ともすばらしい成果を上げている。それればかりでなく、マネー・マインドを持っているし、まったくもってファーストクラスの、バークシャーにぴったりフィットする人物だ。

マンガー：バークシャーの株主は、彼ら2人がバークシャーの株主であるかのように考えるから、大変ラッキーだ。

バフェット：そのとおりで、彼らのマインドは、100％〝株主のために何ができるか〟を考える。そして才能もある。いつ見ても、2人は自分を先にせず、いつもバークシャーを先に考えている。

Q11． アマゾンをどう見ているか、どうしてアマゾンに投資しなかったのか

バフェット：何が起こっているか、まったくわかっていなかった。ベゾスは長い間尊敬し、20年前から彼がしてきていることを見ているが、ゼロから、巨額の資本が必要な企業がひしめく小売とクラウドの2つのまったく違う産業で、ものすごいエコノミック・マシーンを作り上げた。結局我々は、アマゾンを1株も買っていない。

マンガー：我々は、よくやってきた古いタイプの人種だ。ベゾスは、我々と違った人種だ。

Q12． 全上場株式の時価総額／GDP（バフェット指数）や移動平均PER（シラーPER）は依然市場評価に有用な指標なのか、またそれらは、どのようにバークシャーの投資決定に影響するか。

バフェット：その2つの価値指標は、我々の株式評価指標として最高に優れたものというものではまったくない。もっと判断は難しい。人々はフォーミュラ（公式）をいつも探すが、問題はどの変数をとっていくべきか、よくわからないということだ。株価収益率（PER）など、どの数字も一定の意味があるが、その時々によって、指標の重みも違ったりする。最も大事なことは、将来の金利だが、現在の金利、たとえば30年物の金利を将来の金利の前提に使ったりするが、現在の金利を使うことが最も適切かどうかも、確信は持てない。質問には直接関係ないが、ビジネスをうまく評価できる人―投資家―になるには、個人的ダメージをあまり受けない中で、ひどいビジネスを一度経験してみるといいだろう。本当にいいビジネスなので怪我をしようがないというより、ひどいビ

ジネスで実際に苦闘した方がよほど勉強になる。実際、我々もそうした経験をして、ずいぶん勉強になった。チャーリーは？

マンガー：まったくひどかった。そういった個人的な苦痛は、あとで大いに役に立つ。

筆者コメント：バフェット指数は、バフェットが長期的な株式のバリュエーションを判断する際に参考にしているといわれており、一般には倍率が1倍を超えると株価の大幅な調整が起こりやすいとされている。バフェットは、一方で金利水準は株価判断の重要な要素で、現在のような低金利のときは、バフェット指数が高いからといって、株価が割高とは必ずしもいえないとしている。シラーPERは、株価を1株利益で割って求める株価収益率（PER）を修正したもので、PERの分母である1株利益を、直近の数字ではなく過去10年平均を使うという点に特色がある。単年度の業績は、どうしても事業環境やブームの影響を受ける。10年平均の利益なら、そうしたブームの影響やノイズを取り除いて、企業の真の実力をより的確に示すと見る。

Q13・巨額の保険損失のほかに、バークシャーがおかしくなることはなにか。

バフェット：バークシャーのカルチャーが変わることはまずないし、不景気、パニック、ハリケーン、地震があってもバークシャーは、大丈夫だ。しかし、核兵器、化学兵器、バイオ兵器やサイバー攻撃があれば、バークシャーも社会も同じように危害を加えられる。しかし、バークシャーの収益力、資産内容、確固とした哲学からは、最も最後に影響を受ける会社といってよい。

マンガー：ブリティッシュ・ペトロリアムのように、1つの油田で莫大な損失を被るようなことがあるが、バークシャーでは、1つの会社のダメージが全体で大きなダメージになるようなことはなく、もっと守られている。あらゆる面で、ストレスをハンドルできる。

バフェット：それは、我々はその仕事を始めて以来、いつも考えていることだ。バークシャーほど大きな災難に耐えられる会社はない。

Q14：マンガーが、バフェットの最も優れているところは、あなたが学ぶ器械であり、考え方をアップデートすることをやめないことだといっている。この2、3年であなたが学んだ最も興味深いことは何か。

バフェット：学ぶことはおもしろい。チャーリーのほうがもっと学ぶ器械だ。チャーリーのほうが、視野が広いし、吸収率も高い。世界はますます魅力的になっている。そして間違っていたことがわかると、おもしろいことがたくさん起こる。それは、古い考えがそれほど正しくなく、新しく適応しないといけないということを本当に学んだときだ。今アメリカで行われていることは、まったくもって興味深い。

マンガー：アップルを買ったということは、ウォーレンのいい徴候だ。オマハ中を駆け回り、ひ孫のタブレットを取り上げ、マーケットリサーチをしていた。もっと大事なことは、古い教訓も忘れないということだ。それは本当に大事だ。破産したプエルトリコを見てみろ。アメリカの州が破産すると信じられるか。私は、彼らは馬鹿のように振る舞うから、こうなるってわかっていたが、我々は大変用心深い。ヨーロッパでは、我々は（信用度が高い）ドイツ債しか買わない。一方で、そうしながら機会は逃さない。また、我々は学んできた。この10年で、20年前だったらやらなかったことをたくさんやってきた。10年前だったら、ＩＭＣ（イスラエルの切削工具会社）は買っていない。またプレシジョン・キャストパーツ（航空部品大手）もそうだ。まだ我々は学び続けている。

バフェット：まったくだ。投資について最もいい本の1つは、フィリップ・フィッシャーの『「超」成長株投資』(Common Stocks and Uncommon Profits) だ。〝スカトルバット法〟という投資手法を紹介している。これは、グレアム（バフェットの投資の師匠）からは学ばなかった。これは、大変有益な手法だ。たくさんの質問をして、実際に多くのことを学べる。いいことも悪いことも、ライバル企業のことを聞いたら、喜んで答えてくれる。それを10の会社に聞いたら、もうあなたは彼らより、その方面の専門家だ。

Q15．今から100年たって、どういう風にいわれたいか、2人に質問したい。

バフェット：簡単だ。私はフォーマルでも、インフォーマルでも教えることが好きだ。そうできるようにしてくれた、最もいい教師（筆者注：グレアム、フィッシャー、マンガー、キャピタルシティーズ／ＡＢＣのトム・マーフィーなど）が、私にはいた。だから、「バフェットは教えることでいい仕事をした」といってくれる人がいれば幸せだ（会場から拍手）。

マンガー：教えることを有用にするためには、いい示唆がなければならない。そして、我々はそれをしてきた。

Q16．誰もがその年齢によって、いろいろな夢を持つが、あなたたちの今の夢は何か。

マンガー：願望が強いときには、〝また90歳に戻りたい〟と思う。若い人にアドバイスがある。何か本当にやりたいことがあるならば、93歳（注：マンガーの現在の年齢）まで待つな、ということだ。

バフェット：学生によく話すことは、「仕事をしなくてもいい状態で、それでもやりたい仕事を探せ」ということだ。そういうことを先延ばしにするべきではない。

Q17．1つめの質問は、ＥＢＩＴＤＡ（注：利払前・税引前・減価償却前利益、簡便には営業利益に減価償却費を加える）は、なぜビジネスを評価する上で、よくないと考えるのか。2つめは、2人に対して、個人的な立場で、人生に何か後悔があるか。もし1つ違うようにやったらよかったと思うことが、人生、家族、ビジネスの面であるか。

バフェット：プライベートはともかくとして、チャーリーにもっと早く会っていればよかったと思う。私が29歳でチャーリーが35歳のときから、ずっとおもしろくやってきた。だが、もっともっと早ければよかったと思う。ＥＢＩＴＤＡについては、減価償却費は支出だ。そして、最も悪い部類の支出だ。我々がよく話す〝フロート（保険料収入で保険金を支払うまで運用に使えるお金）〟は、お金が先に入り、支出があとに来るが、減価償却費はまず使い、会計上の支出が後に来る。これは逆フロートで、株価判断に含める（減価償却費を足し戻す）のはよくない。ほかの条件が同じであれば、Xの株価に到達するのに多くの減価償却が必要な会社を買うより、固定資産がなく投資も要らないで、減価償却がない会社で株価がXになる会社のほうが、よほどいい。

マンガー：ウォーレンは、価値評価にEBITDAを持ち込んだ人たちの反吐が出る性質とこの問題を控えめにいいすぎだ。これは、まるで不動産業者が実際には1000フィートのスペースを2000フィートあるといっているようなものだ。それは尊敬できる振る舞いではない。誰もが真っ当に考えれば、減価償却費が支出ではないとは考えない。

バフェット：それが、ウォール街の利益に合致しているのだ。

マンガー：だからやったのだ。そうすれば、株価は安く見える。

Q18：アメリカの労働者にとって、人員削減よりもっと怒りを覚えるのは、事業を閉鎖し、国外に持っていくことだ。株価を最大化するために企業は盛んにやっているが、それで労働者は犠牲になっている。ビジネスは意思決定に、純粋な経済的要素のほかに、考えるべきことがあるのではないか、見解を聞きたい。

バフェット：確かに、これまでアメリカで作られていたものが、海外のものにとって代わられた。そういう例は、バークシャー傘下の企業でもある。ここで必要なことは2つだ。繁栄と貿易の両方だ。我々はものすごく繁栄している国にいる。その繁栄は貿易によって強化されている。そこで必要なポジションが、チーフ教育者だ。すなわち大統領だ。特定の大統領をいっている訳ではない。どの時代でも、大統領が自由貿易の相対的メリットを国民に話さなければならない。そしてそのあと、それにより犠牲になる人々を支える政策を作る必要がある。そして、我々はそのリソースや能力を持っている。

我々のソサエティはそれだけ豊かなのだ。そして、自由貿易で潤うソサエティだ。労働者が犠牲にならずに、3億2000万人が自由貿易の恩恵を受けるという2つの目標を達成するようにしなければならない。

マンガー：そのとおりだが、我々にはそのために、システムとして失業保険がある。しかし、資本主義のシステムはよくなるにつれて、ある人々を傷つけるようにできている。それは避けられない。

バフェット：資本主義は、時代に合っていないビジネスにいると、それに対して残酷だ。だが、大変豊かなソサエティは、ソサエティ全体にとって有益であれば、そういう人たちをも支えることができる。

ここに挙げた質問は、ほんの一部だ。ほかにも、「バフェットが1日5本は飲むコカ・コーラは、健康によくないのではないか」「好きな仕事を見つけるには、どうしたらいいか」「バフェットの倹約は株主にとってよいのか」「バフェットとマンガーの弱点は何か」「もし若かったら、今どんなビジネスを始めるか」など、多岐にわたる。これらの質問に対する2人の回答に失望することは、まずない。会場全体が、耳を澄ませて聴いている。その回答の示唆の深さ、研ぎ澄まされた知見、広範な視点は、干天の慈雨のごとく、次から次に身に吸収されていくのを感じるのである。

■オーナーズ・マニュアル

バフェットは、株主すなわちオーナーに、バークシャーの事業、目指すもの、哲学あるいは制約について、理解の助けになるように、オーナーズ・マニュアルを作成している。このオーナーズ・マニュアルは1999年に作成されたものだ。1983年のブルー・チップ・スタンプス買収時に、新しい株主に、バフェットはバークシャーの経営アプローチへの理解の助けになるよう、13のオーナーに関わる事業原則を設定した。このオーナーズ・マニュアルには、これらの原則が掲載され、バフェットが解説を加えている。バフェットが株主を大切に考えていること、バフェット自身と株主が共通の認識に立ってほしいという願いがわかるものだ。このマニュアルは、バフェットの経営への臨み方、株主への目線、投資へのスタンスなど、バフェットの哲学や投資手法を学ぶ上で、大変大事なポイントが書かれているので、そのエッセンスを紹介しよう。また後段部分で、本質価値(Intrinsic Value)、バークシャーの統治の仕方についても説明している。なお、このエッセンスは、私が解説する抄訳の形になっていることを付け加えておく。また、会計上の「パーチャス法」(のれんの計上方法)についても解説されているが、やや専門分野になるので省略した。

1　バークシャー・ハサウェイを、会社というよりパートナーシップと見る。バフェットやマンガーも一般の株主も同じパートナーという。そして、バークシャー自体は、株主がその資産を保有するための導管とする。そして、株主は、その資産の一部を保有するものとして、農場やアパートの一部を所有するように、期限なく持っていてもらいたいとしている。

2　バークシャーのオーナー的アプローチに則って、取締役のほとんどは、資産のかなりの部分がバークシャー株だ。バフェットに至っては99％以上の資産がバークシャー株だ。こうして、株主の利益がバフェットやバークシャーの取締役の利益に連動するようになっている。

3　バークシャーの経済的ゴールは、1株当たりの本質価値の平均年率利回りを最大化させることだが、その進捗は、バークシャーの規模が大きくなるにつれ、段々と減速していくことは確かだとする。それでも、平均的アメリカの大企業の伸びに及ばないこととなるのは残念だとする。

4　そのゴールに向かって、できる限り、多様なビジネスを直接保有することによって達成することが望ましいが、第2の選択肢は、同様のビジネスの一部を保有することとなる。そのようなビジネスを保有するためには市場が下がることで安く買えるのだから、むしろ歓迎で、パニックになったり、嘆いたりしないでほしいとしている。

5　バークシャーが市場株式を保有したり、企業買収により保険を含む多様な事業を持っていたりしているため、連結決算の数字は、真の経済的パフォーマンスをあまり示していない。そのためアニュアルレポートで、大事な数字や情報については、あらゆる方面にわたり、いいものも悪いものも、その都度説明する。

6　会計的帰趨が、経営や投資の判断に影響を及ぼすことはない。会計原則によって、投資額が同じで、より大きな利益でも決算に計上できない場合と、より少ない利益でも計上できる場合がある。それを調整するため、バークシャーの会計上の営業利益と投資先の利益のうち、バークシャーの持ち分利益を考慮した〝通し〟利益を定期的に示している。

7　借入をするときは、長期の固定利率で行う。これは、バフェットやマンガーの堅実主義によるところが多く、利益を失ったこともあるが、それがバークシャーの利害関係者にとって、最も有益と考えている。一方で、バークシャーには、フロート（保険料収入）と繰り延べ税金資産という、ローコストで危険がない資金がある。これは借入と同じ効果を持ち、バークシャーの強力な武器になっている。

8　〝取得希望リスト〟は、株主の犠牲の下では作られない。自分のお金と同じように、株主のお金を扱う。バフェットとマンガーは、ただバークシャー株の1株当たり本質価値を上げる買収だけに関心がある。

9　バークシャーでは、1ドル留保した利益で、株主に1ドル以上の市場価値を提供できたかによって、テストする。5年移動平均で算定しているが、これまで（1998年まで）達成している。資産規模が大きくなるにつれて、留保した利益を有効に使うのは難しくなってくる。

10　バークシャーの株式発行は、その提供に見合うビジネス価値を受け取れる場合のみ、行う。これは買収、公募、オプション、転換社債などあらゆる株式発行の形態に当てはまる。バークシャー全体の価値を減らすような形で、株を発行しないということだ。

11　バフェットとマンガーのスタンスの中で、1つバークシャーのパフォーマンスを減らす要因がある。それは、どんな価格でも、バークシャー傘下のいい事業を売るつもりはないということだ。また大したことのないビジネスでも、少なくとも利益を上げていて、労使関係がよく、経営陣にいい印象を持っていれば、売りたくないという。

12　事業価値を評価する上でのプラスとマイナスをきちんとわかるようにして、バフェットとマンガーは、率直にオーナー（株主）に報告する。その指針は、逆の立場になれば自分たちが知りたいと考えるビジネス上の事実を、オーナーに伝えるということだ。バークシャーでは、公平無私であれば経営者として報われると信じている。

13　公平無私とはいえ、市場株式の投資活動については、法律で求められる範囲でのみ話す。よい投資案件は、よい製品や買収と同じようにまれで、価値があり、情報漏れがからむからだ。一方で、バークシャーの事業や投資哲学については、自分たちがグレアムの知的寛容の恩恵を大きく受けたように、自由に話すという。

・追加の原則

投資家が、バークシャー株を保有している期間に、バークシャーの本質価値の変動に応じた成果を得られるようにしたい。そのために、バークシャー株の株価と本質価値の関係が一定である必要がある。できれば1：1。当然株価をコントロールできないが、バークシャーの方針や情報提供によって、オーナーにはこのようなスタンスを理解してもらいたいとする。

・**本質価値**

本質価値は、投資やビジネスで相対的な魅力度を測る唯一の考え方で、事業継続期間に得られるであろう現金の割引現在価値のこと。これは、現在価値を算出する際に割り引く金利や将来入ってくるキャッシュフローの予測によって変わる見積もりで、正確な数字ではない。だから、人それぞれ見積もりが違う。一方で1株当たり簿価は、簡単に計算できるので、バークシャーでは公表している。しかし、欠点は、傘下企業の簿価と本質価値が大きくかけ離れていることだ。簿価が、本質価値を低く見積もりすぎている。ただ、簿価の変動がおおむね本質価値の変動と同じ動きをするという点で、簿価が目安になる。簿価だけを見て、バークシャーの価値評価をするのは意味がない。

■バフェットを参考にした筆者の投資アドバイザリー実績

私は、個人の金融資産や退職金の運用アドバイスを、金融商品の手数料によらないで、フィー（投資助言料）のみで提供している。そして、その人のリスク許容度に合ったポートフォリオを作る。

そのポートフォリオは長い時間軸の上に立って作られる。買ってすぐ上がることは期待しない。赤ちゃんは生まれるまで、母親のおなかの中に10カ月いる。そもそも、個別銘柄の選定やポートフォリオの構築は、10年、20年先を見据えて行うので、買ってからすぐに株価が上がった、下がったと一喜一憂していても、まったく意味がないのだ。その投資方針は、まさにバフェット流を踏んでいる。

また投資は、バフェットが強調するように、その会社の一部を保有するというスタンスで行う。会社のオーナーである。そうすると、おもしろい感覚になってくる。投じたお金が、その会社で活用され、自分がその会社でビジネスを行っているというように感じ出すのだ。

サラリーマンは毎日勤め先の会社に通勤しているほかに、お金が投資されることによって別の会社でも働いているのと同じ効果を持つ。また、退職して仕事をしていなくても、投資したお金が自分の代わりに働いてくれて、まさに自分が働いているのと同じということになる。こうなると、人生にも張りが出て、年をとってもますます元気になるという、よい面が出てくる。

ここで、実際のポートフォリオを2つ紹介しよう。まさにバフェット流を踏襲し、売買を頻繁にせずに基本的にバイ＆ホールドの長期スタンスである。

ポートフォリオA　田中祐子様（仮名）37歳　主婦

2017年9月15日現在

銘柄	終値	現在為替	評価額	取得月	取得株価	取得為替	取得価額	評価損益	騰落率
米国株A	144.82	110.86ドル	802,737円	2011年11月	183.61	78.10	728,036円	74,701円	110.26%
米国株B	134.45	110.86ドル	2,086,718円	2011年11月	64.09	78.10	711,718円	1,375,000円	293.19%
米国株C	213.35	110.86ドル	2,601,718円	2011年11月	80.23	78.10	700,156円	1,901,562円	371.59%
米国株D	93.27	110.86ドル	1,447,588円	2011年11月	63.40	78.10	704,136円	743,452円	205.58%
米国株E	105.30	110.86ドル	4,435,952円	2011年11月	23.46	78.10	707,032円	3,728,920円	627.40%
外国株投信	24,165	1円	2,602,024円	2011年12月	9,287	1	1,000,000円	1,602,024円	260.20%
外国株投信	15,774	1円	908,746円	2011年12月	8,679	1	500,000円	408,746円	181.75%
			14,885,484円				5,051,078円	9,834,406円	294.70%

ポートフォリオAは、アメリカ株主体のポートフォリオだ。アメリカ株を5銘柄組み入れている。売買は頻繁には行わない。また配当に着目し、株主還元に厚い会社を選ぶ。長年持っていると、株価は上がり、増配により配当利回りも上がっていく。こうして会社の業績が伸び続ける間は、ずっと持ち続ける。同じ銘柄で、持ち続ければ６倍、７倍にもなるのに、１割、２割上がって売ってしまったという話をよく聞く。

ここに、目先の株価を追って株に投資するか、会社の一部を保有し、オーナーになるつもりで投資するかの違いが出てくる。数字で示せば、１００万円投資して10万円、20万円儲けて終わるか、６倍、７倍になり、５００万円、６００万円の評価益を持ちながら、さらに利益を伸ばすかの違いになる。

ポートフォリオB　高倉和夫様（仮名）　75歳　無職

2017年9月15日現在

銘柄	終値	現在為替	評価額	取得月	取得株価	取得為替	取得価額	評価損益	騰落率
米国株A	105.30	110.86ドル	11,673,558円	2008年3月	14.88	100.00	1,508,372円	10,165,186円	773.92%
米国株B	179.89	110.86ドル	3,988,521円	2009年1月	56.98	89.80	1,038,355円	2,950,166円	384.12%
米国株C	134.45	110.86ドル	3,279,128円	2010年10月	63.29	81.60	1,152,280円	2,126,848円	284.58%
米国株D	93.27	110.86ドル	2,119,682円	2011年8月	60.00	77.98	973,020円	1,146,662円	217.85%
米国株E	115.79	110.86ドル	2,310,566円	2011年11月	71.64	77.60	1,015,020円	1,295,546円	227.64%
米国株F	144.82	110.86ドル	883,011円	2013年2月	200.60	94.21	1,054,739円	-171,728円	83.72%
米国株G	80.08	110.86ドル	1,065,320円	2013年2月	88.69	94.21	1,017,537円	47,783円	104.70%
欧州株A	80.95	115.57ドル	2,058,186円	2010年11月	54.05	83.95	1,013,293円	1,044,893円	203.12%
外国株投信	45.59	110.86ドル	1,516,232円	2008年5月	48.96	103.35	1,539,238円	-23,006円	98.51%
外国株投信	62.03	110.86ドル	4,125,987円	2008年5月	47.97	105.75	3,083,408円	1,042,579円	133.81%
日本株A	3,696	1円	1,478,400円	2008年6月	2,590	1	1,037,087円	441,313円	142.55%
日本株B	402	1円	1,608,000円	2014年8月	423	1	1,709,945円	-101,945円	94.04%
日本株C	10,090	1円	1,009,000円	2014年8月	8,220	1	832,312円	176,688円	121.23%
			37,115,592円				16,974,606円	20,140,986円	218.65%

しかし、どうしても個人の気持ちとしては、利益が出てくると売りたくなってくる。実際このように持ち続けるのはかなり難しい。そこで、我々アドバイザーが、業績が伸びている間は長く持ち続けるように導いていく。

次にポートフォリオBを見てみよう。個別銘柄の選定についてはこちらもバフェット流の長く持つスタンスで選ばれた銘柄選定を行っていて、上場投資信託は長く持つスタンスで選ばれた銘柄で、国内、海外の株や外国株投信の構成になっている。この外国株投信は上場投資信託で、世界のたくさんの銘柄に投資できるので、分散効果が出る。また上場投資信託はインデックスに連動する運用を目指すので、インデックスを上回ろうとする運用に比べて運用コストが安くなる。資産運用にはもってこいの商品なのだ。

■バフェット、マンガー、グレアム、フィッシャー名言集

・バフェットの投資にまつわる名言の数々

以下にバフェットが投資について語った名言の数々を記しておく。いずれも、納得できる言葉だ。ただこれを実行しようとすると、なかなか難しい。いざそのような場面になると、人間はなかなかそのとおりできないものだ。そこがバフェットのバフェットたる所以だ。バフェット自身もいっているが、非常に合理的であり続けたことを成功の要因に挙げている。ぜひ、以下のバフェットの言

葉の数々から学んでほしい。

1. 一般的にいって、感情が勝ってくると、リターンは少なくなる。
2. 利益が賢明に留保されていないとしたら、経営陣も賢明に留保されていない。
3. タイミングを計って投資して、うまくいった人を私は知らない。
4. 基本的に、株の高低の判断はすべて金利との見合いだ。
5. 明日のことはわからないが、10年、20年先のことはわかる。
6. 絶対に個別の株を見る。FRBは関係ない。選挙も関係ない。
7. 我々は政治や経済の予想は、これからも無視し続ける。それらは投資家やビジネスマンに高くつく撹乱要因だ。
8. 株は長い間では安全で、明日までであれば大変危険だ。
9. 成長させるものは、生産性だけだ。生産性にすべてがかかっている。
10. ドルがどちらに行くか真剣に話している人は、ドルの売買で生計を立てている。どうなるか見てみよう。
11. 投資について考える最もよい方法は、誰もいない部屋でただ考えることだ。
12. 我々のゴールは、安い価格で大したことないビジネスを買うのではなく、賢明な価格で際立ったビジネスを買うことだ。

13. 時間は、すばらしい会社に投資しているときは友達だが、大したことない会社に投資しているときは敵だ。
14. 投資の成功は、時間、規律、忍耐にかかる。
15. 家を買うように、株を買え。
16. 投資で重要なことは、どれだけ知っているかではなく、どれだけ知らないかを明確に知っていることだ。
17. リスクは、自分が何をしているかわからないことから来る。
18. 潮が引いたときに初めて、だれが裸で泳いでいたかがわかる。
19. 無知とレバレッジが重なったとき、興味深いことが起きる。
20. 私はいつもお金持ちになるとわかっていた。1分もそれを疑ったことはない。
21. ウォール街（証券会社のこと）は、投資家が買うものは何でも売る。
22. 投機は、最もやさしく見えるとき、もっとも危ない。
23. 投資家にとって最も大事な要素は、気質であって、知力ではない。
24. 私は2mのバーを探さない。簡単に越えられる30cmのバーを探す。
25. 買ってからすぐ50％下がって、苦痛でいたたまれないようでは、株に投資するべきではない。
26. 馬鹿でも経営できるビジネスの株を買う。なぜなら遅かれ早かれ誰か（まともな人）がするから。
27. 規定集より、カルチャーが、会社がどう振る舞うかを決める。

28. 我々にとって、市場の変動は重要ではない。業績の変動が重要だ。
29. 結局、実質の中身より会計上の見てくれを強調する経営者は、通常両方とも不十分だ。
30. 現実は、株を発行したときに、すべての事業が縮小する。
31. 留保利益1ドルで、少なくとも1ドルの市場価値を株主に与えられたかで、留保利益の使い方を評価する。
32. 何もしないことが、最も難しいことだ。
33. 持続的に伸びる立派な業績は、5年か10年前と同じことをやっている会社によって達成される。
34. ミスターマーケットの影響下に入ったら（市場に振り回されたら）、災難だ。
35. 我々はファーストクラスの経営者が経営するファーストクラスのビジネスを探す。
36. よい騎手も、老いぼれ馬ではなく、いい馬に乗って初めてうまくやれる。
37. 単なる逆張り投資は、トレンドフォロー（追随）投資と同じくらいに愚かだ。
38. 賢明な投資家は、新株を買わずに、市場で買う。
39. 我々はバイ&ホールドの方針で行く。メリットは、ずっとあとに利益の税金を払えばいいことだ。
40. 何も知らない投資家でも、インデックスファンドを買えば、ほとんどのプロの投資家を上回る成績を上げられる。
41. 取締役は、ビジネスに精通していて、仕事に関心があり、株主に目線が向いている人物であるべきだ。

42・ラインストーン（模造ダイヤ）を100％持つより、ホープ・ダイヤモンド*の一部を持つほうがずっといい。

＊45・5カラットのダイヤモンド。スミソニアン博物館で展示。

43・ケネディ大統領の言葉を借りれば、上げ潮のときは、すべてのヨットが持ち上がる。

44・我々は、動いているときより、あくびをしているときに、お金を増やす。

45・ある銘柄の比率が大きくなったから一部を売るというのは、マイケル・ジョーダンがシカゴ・ブルズの中で大変大事になったから、手放すというようなものだ。

46・宇宙に行く勇敢さは賞賛するが、我々はそのロケットには乗らない。

47・投資について学ぶべきことは、事業価値と株価の相対度をどう判断するかだ。

48・投資家としてのゴールは、5年、10年、20年先の利益が今よりずっと多いことがほぼ確実で、わかりやすいビジネスをしている会社を、合理的な株価で買うことだ。

49・絶好球を待つことが、殿堂への道だ。むやみに振ることは、マイナーへの切符だ。

50・もし我々に強みがあるとすれば、それは自分の領域をよくわきまえていること、その領域の境界に近づいてきたことを知っていることだ。

51・手の中の1羽の鳥は、繁みの中の2羽と同じ。（ことわざ）

——バフェットの引用

筆者注：これはバフェットの有名な引用だ。3つの問いかけに分けられる。

1つめ―繁みの中に鳥がいると、どれほど確信できるか。

解説：そのビジネスは理解できるビジネスか。十分な〝濠〟があるか。

2つめ―いつ現れ、何羽出てくるか。

解説：現在から判定時点までに、どれだけのキャッシュが生み出され、いつそれを受け取れるか。

3つめ―現在価値に対して割り引く率（国債利率＋株式リスク・プレミアム）はいくらか。

解説：バフェットは割引率を10％の率にシンプルに設定していると見られる。

これらの質問に対する答えによって、投資対象の最大価値、そして手にできるであろう価値がいくらかを算定しようとする。

52. もし目指す会社の〝勝利〟が利益よりマーケットシェアに対するものだったら、問題が待っている。

筆者注：会社が、利益を犠牲にしてマーケットシェアを獲得しようとすると、株主利益は損なわれるという意味。

53. 歴史は、危機はより静かなときに、夢にも見ない降りかかり方でやってくることを教えている。

54. 過去35年アメリカのビジネスは、すごい成果をもたらした。一方で、たくさんの投資家の成果は、月並みかひどいものだった。

55. 誰がCEOかが大事であることは、強調しすぎることはない。

56. CEOには、独自の思考、感情の安定性、人間や組織行動への鋭敏な洞察力が大事だ。

57. CEOの報酬は、ほかですぐコピーされる。〝あそこはこれだけもらっている〟といって。

58. 資本主義の〝創造的破壊〟は社会にとってとても有益だが、投資の確実性は排除する。

59. 有形資産に対してすごい利益を上げる本当によいビジネスでも、その利益のほとんどを高いリターンで再投資し続けていくことは不可能だ。

60. コメンテーターは、よく〝不透明感が強い〟というが、どんなに今日がのどかでも、明日のことはわからない。

61. バークシャー本社の年間賃料は27万ドル、家具備品類は30万ドルの評価。（2010年）

62. どんなにいい数字でも、ゼロでかければ、消えてしまう。歴史は、（デリバティブで過剰にかける）レバレッジがゼロを作ることを教えている。

63. 投資資金を持っておくことが大事だ。バークシャーは2008年リーマン破綻のパニックのとき、25日間で156億ドル投資した。

64. アメリカのビジネスや株は、これからもいい。ダウは20世紀に77ポイントから1万1497ポイントになった。その間、大恐慌、4回もの高くついた戦争、オイルショック、リーマンショック、多くの景気後退があった。

65. 素早い利益を約束されたら、素早く〝ノー〟といおう。

66. このところ株価が上がっているからといって、買う理由にはならない。

67. マクロの考察をしたり、マクロ見通しを聞いたりすることは、時間の無駄だ。

68. チャーリーと私は、アメリカのずっと上り続ける繁栄に〝賭ける〟ことはほとんど間違いのないことと、いつも思ってきた。21世紀もそれが続くことはほとんど確実だ。イノベーション、生産性向上、起業家精神、あり余る資本がそれを可能にする。

69. マーケットの予想家はあなたの耳を一杯にするが、財布を絶対に一杯にはしない。

70. もし思慮深く経営されたら、コングロマリットは長期の価値形成に最も理想的な形態だ。

71. じっとしていることをウォール街（証券会社）は絶対勧めない。床屋に髪を刈ったほうがいいか、聞くな。

72. バークシャー株を少なくとも5年持つことができれば、買うことを勧める。

73. バークシャーほど、株主を大事にする会社はない。

74. チャーリーと私は、傘下企業の経営者に、立場が逆だったらこうしてほしいと思うように、接している。

75. 今日アメリカに生まれた赤ん坊は、歴史上もっとも幸運な産物だ。

・豊かに生き、成功する人生を歩めるバフェットの言葉

バフェットは、世界最高の投資家といわれ、バフェットから投資の成功法を学ぼうとする人は大変多い。しかし、ここまでバフェットが投資で成功したということは、金儲けに成功したということとでも、事業で成功したということでもなく、人間として正しい人生を歩んできたからというように見るのが、正しい見方だろう。バフェットの言葉には、豊かに生き、大いに成功する人生を歩める考え方、心がけ、行動の仕方が示されているのである。そこで、そのようなバフェットの言葉をここで紹介しておこう。

1．自分に投資しよう

自分に投資することが自分にできる最もよいことだ。自分を向上させることなら何でもよい。それを最大限に磨き上げれば真の財産になる。

2．正直・高潔さを身につけよう

クラスの中でこの人を一生見習いたいと思える人を思い浮かべなさい。その人こそリーダーシップがあり、みんなの利益になるように周りを仕向ける人だ。その人こそ寛大で、正直で、よいアイディアを出した人をそのとおりに評価する人だ。

3．若いうちに悪い習慣を直そう

年をとると悪い習慣はなかなか直らないし、それが決定的な弱点になりかねない。若いうちに悪い習慣がわかれば、比較的簡単に直せる。

4．自分の強みを知り、それを有効に使おう

自分の限界を知り、その境界から外に迷い出ないことが大事。

5．持っていない物のために、持っている物をリスクにさらすな

大切な物を大切でない物のためにリスクにさらすな。

6. 好きな仕事をやりなさい

私は好きな仕事を始めたが、以来ずっと好きな仕事をやり続けている。好きな仕事をやれれば、何かを学ぶし、わくわくする。経歴にいいと思う仕事ではなく、好きな仕事をすぐ始めよう。

7. よき人であれ

あなたが好きな人をよく見なさい。あなたがある人の好きなところは、ほかの人もあなたがそうであれば、あなたを好きになる。

8. あなたの心身を大事にしなさい

もし16歳のときに買う車が一生涯ただ1台の車だとすれば、大切に扱うだろう。それは、まさに自分の心身のことをいっている。最も大事な投資は、自分自身にしよう。

9. メンター（良き師）を見つけなさい

私にはベンジャミン・グレアムというメンターがいた。グレアムの投資哲学を生涯守り続け、人間的な面でも多くのことを学んだ。

10. 尊敬する人たちと交流し、仕事をしなさい

成功するには自分より優れた人と付き合ったほうがいい。そうすれば自ずとそれに近づいていく。

11. たじろぐことに真っ向から立ち向かえ

私は人前で話すのが、本当に恐かった。しかし、いつかはしなければならないので、それに立ち向かい、カーネギー話し方教室に通った。受講料100ドルだったが、大いに役立った。

12. 極力用心深く、自分の時間を防衛しなさい

ビル・ゲイツがかつてこういっている。「バフェットから得た最も有益なレッスンは、自分の時間（確保）に大変注意深いことだ」。バフェットはいう。「成功する人と本当に成功する人の違いは、本当に成功する人はほとんど全部にノーといえることだ」

13. クレジットカードを使うな

金利は18％までいく。もしそれで私が借りていたら、破産している……。クレジットカードは使わないことだ。

14. チャンスがあるときに、それを逃すな

大きなチャンスを逃してはいけない。正しく、大きいことをやるチャンスが来たら、それを逃してはいけない。敢然と大きなことを成し遂げろ。少しやるのは、やらないのと同じだ。

15. 人生は、多くの間違いをしないで、ごくわずかの正しいことをやればいい

マンガーも「ほかの人は賢く行動しようとするが、私はただ馬鹿なことをしないように努めている」といっている。

16. 使った後に残ったものを貯めるな。貯めたあとに残ったものを使え

要らないものを買っていたら、そのうち要るものを売らなければならなくなる。ベンジャミン・フランクリンも、こういっている。「1ペニー貯めれば、1ペニー稼いだのと同じだ」

17. 人生はスノーボールのようなものだ

大事なことは、くっつきやすい雪と最も長い下り坂を探すことだ。

18. 評判を築くのに20年かかるが、失くすのは5分だ

そう考えれば、物事を違うようにやるだろう。

19. 歴史から学べることは、人々が歴史から学ばないことだ

ビジネスの世界では、いつもフロントガラスよりバックミラーのほうがよく見える。不幸にも人間は、しばしば過去から学ばず、同じ過ちを繰り返す。

20. 生活レベルと生活コストをいっしょにするな

私は車には興味がないし、私のゴールは、人をうらやましがらせることではない。

21. 最初の衝動は必ずしも最もいい行動になるとは限らない

誰かに次の日に、地獄に行けといえる。そういう権利はなくならない。だから今日は口をふさいでおけ。そして、次の日、どう感じるか見てみろ。

22. 問題が起こって、それにすぐ対処しないのは、大きな間違いだ

コーポレート・スキャンダルはそこから始まる。

・マンガー珠玉の名言の数々

ここで、「プア・チャーリーズ・アルマナック」の中から、マンガーの珠玉の言葉の数々を紹介しよう。いずれも、非常に深く心に入っていく名言だ。

1. 物理学を学ぼう。その概念と仕組みは、しっかりとした理論の力を如実に示す。

2. 目の前の仕事に集中して、支出をコントロールせよ（祖父の教え）

3. 机の上の仕事をしっかりやれ。今自分が持っているものでしっかりやれ。そうすれば自ずと（客は）やって来る。（客をつかむ方法）

4. リーダーである前に、フォロアーであることを学べ。

5. キケロは、学び続けた人物だが、息が続く限り、自己向上を信念とした。

6. バークシャーがそれなりに発展したとするならば、それはバフェットと私が最も好んだアイディアを自ら壊すことがうまくできたことが大きい。

7. 長い人生でもめったに起こらないチャンスに、大きく素早くやれるように準備しておくことは、人生の財産的な結果にドラマティックな成果をもたらす。

8. チャンスは、準備している人に来る。

9. 将来を決める上で、歴史ほどよい教師はいない。30ドルの歴史の本には、何十億ドルもの答えがある。

10. 好奇心を持ち続けて、ダーウィンのように一歩一歩いけばいい。到達したところに驚くだろう。

11. 長く持っていれば、証券業者にたくさん払わなくてもいいし、ナンセンス情報を聞かなくて済む。利益が出ていれば、年に1、2、3％ほどは税制も味方してくれる。

12. 私が知りたいことは、どこで死ぬかということだ。それがわかったら、そこに行かないようにする。

13. 私たちには、投資に際しての3つのバスケットがある：する、しない、理解しがたい。

14. ほどほどの（フェアな）価格ですばらしいビジネスを買うほうが、すばらしい価格でほどほどの（よくも悪くもない）ビジネスを買うより、よほどいい。

15. 我々は、以前の結論を変えることが得意だ。そうしないと、災難がよくやってくるからだ。

16. マクロ経済の予測で、1ドルでもお金を作ろうとしたことはない。

17. 機関投資家が、自分のやり方がほかの多くのやり方と違うのではないかとあきらかに恐れるのは、悲しむべきことだ。

18. 私たち（マンガーとバフェット）はたくさん本を読む。そうしない人で賢い人を私は知らない。しかし、それだけでは十分でない。アイディアをつかみ、道理にかなうことをしようとする心構えを常に持たなければならない。

19. 評判と高潔は最も大切な財産ということを覚えておきなさい。そしてそれは一瞬にしてなくなるということも。

20. 人生の基本的哲学：準備、鍛錬、忍耐、決断。それらは1つ欠けても、うまくいかない。しかし、全部そろえば、ダイナミックなクリティカル・マスを形成し、肯定的効果をもたらす。

21. 正直でいようというような単純なことで、完璧にやろうと早くから努め続ければ、十分に成功に向かって歩めることになる。

22. 頭がそれほどよくなくて、ときには仕事熱心でなくても、出世していく人を知っている。彼らは学ぶ器械だ。学び方を知っているときだけ、進歩がある。

23. 私を助けてくれた核となる考え方は、自分が望むものを欲しいならば、欲しいものにふさわしいように努めることが、最も確かな方法だということだ。

24. 内部に自分のコンパスを持ちなさい。そうすれば、法律的には通っても、やらないことはたくさんある。我々はこのようにやっている。

25. 我々はたとえうまくいかなくても、よき行動をするべきと信じたい。しかし、そのように正しいことをやっていたら、お金が上乗せされて入ってきた。

26. 一般的には、羨望、憤慨、復讐心、自己憐憫は、自己破壊的考え方。それらを避けられれば、ほかの人に優位を保てる。そして、それは訓練すれば可能だ。

27. 一般的に、あなたが賞賛できる人と仕事ができれば、あなたの人生での成果はより満足できるものになる。

28. 人生で最も大きくしたいものは、価値ある信頼網だ。

29. 「反対にしてみろ。いつも反対にしてみろ」。私は、正しい判断を、悪い判断の例を集めることによって、探った。そしてそのような結果にならないような方法をじっくり考えた。

30. いい行いをする代わりに、神から助けを求めるという交換ベース、あるいは宗教的考え方は、極めて建設的だった。

31. アインシュタインが心理的に成功したことは「好奇心、集中、忍耐、そして自己批判」によっているという。自己批判は、最も愛していた、苦労して勝ち取った考え方を棄てることに秀でているということだ。

32. 多くの人が十分学べるたくさんの簡単なことがある。学べば人生はずっとよくなる。さらに学ぶことは楽しい。だから、ぜひそうしてほしい。

33. 私を助けてくれた核となる考え方は、得たいと思うものを得ようとする最も安全な方法は、得ようとするものにふさわしい人物になることだ。これは黄金律だ。

34. 知恵の獲得は道徳的な義務だ。そのためには、生涯学び続けなければならない。

35. 一度アイディアを得たら、その利用法をいつも練習してみる。コンサート・ピアニストのように練習しなければうまくならない。だから私は、一生涯多くの学問に渡る視野から考えるアプローチ（Multidisciplinary Approach）を練習してきた。

36. たくさんのことを、頭の中でまるでそれらが知的な格子作りをなすように心がける。そうすれば生涯、自動的にそれらをうまく生かすことができる。

37. 特別な集中度で賞賛する人物やその思考を大切に愛でることができる人物は、人生で圧倒的な優位を持てる。この恩恵はかなりの影響度で、バフェットと私にもたらした。

38. 心理的観念と経済的観念はいつも相互に作用している。それを理解できない人間はまったくの馬鹿だ。

マンガーの言葉はどの言葉も、限りない学びから来ているので、ずっと身に入っていく。そしてバフェットとともに、大いに学ぶべき人物だと思う。

・グレアムの投資の名言

バフェットの師匠、グレアムは、株式投資をする場合に、示唆に富むことをたくさんいっている。そのエッセンスを紹介しよう。

1. 投資家にとって最大の問題―そして最大の敵は―大抵、自分自身である。
2. 我々はこの先どんな楽観論や悲観論が金融界に吹き荒れようとも、自分たちの哲学に迷うことなく断固として執着していくつもりである。
3. ウォール街における熱狂は、大抵破滅へ続く。
4. テクニカル・アプローチは、ウォール街で成功する訳がない。
5. 証券会社が出す市場予測は、単なるコイン投げの確率以下でしかない。
6. 投資家は手元資金の全部を1つのかごに突っ込んではいけない。
7. 市場が低迷しているときに勇気を持つことがいかに賢明か。

8. 一般投資家が株価動向を予測してもうけることは不可能である。

9. 真の投資家が持ち株を売らざるを得ない状況などめったになく、そういった状況以外のときには株価を無視してかまわない。

10. 賢明な投資家でさえも、群集に同調しないためには、かなりの自制力を必要とする。

11. 真の投資家にとって、株価の変動が持つ重大な意味は1つしかない。相場が急落したとき抜け目なく買いつけ、急騰すれば売却するチャンスなのだ。

12. 値動きを第一に考えるというやり方を繰り返す知的な人々の努力は、長年のうちに自ら無力化し、失敗につながる傾向にある。

13. 株価が大幅に上昇した後には、絶対に株を買ってはならない。また、大幅に下がったすぐ後には絶対に売ってはならない。

14. 資産運用アドバイザーは自らの訓練と経験を生かして、顧客のミスを事前に防ぎ、資金を投資目的にしたがって確実な成果が得られるように運用すればいい。

15. おそらく顧客にとって資産運用アドバイザーの主な価値とは、金銭的な損失から守ってくれることにある。

16. 親戚や友人から投資アドバイスを得るということに、我々は批判的だ。ただほど高いものはない。

17. 証券アナリストのＣＦＡ資格は、証券アナリストの基準を高め、最終的に彼らを真の専門家とするだろう。

18. 賢明なアナリストは、現在の株価と過去の業績価値との安全域の範囲が非常に大きいために将来的変化に望みを託せる銘柄や、ある程度将来予測が可能な銘柄に範囲を限定する。

19. ほとんどの投資家にとって、支払った金額に対して十分な価値を得られると自ら勇気付け、投資した後は成り行きに任せることが、おそらくもっとも最良のやり方だろう。

グレアムは、投資家が株式投資する場合の組み入れ株式の基準として、以下を挙げている。

グレアムの株式選別基準

1. 十分な、しかし過度にならない程度の分散投資を行うこと。例えば、10銘柄以上30銘柄くらい。
2. 財務内容が良い有名な大企業を選ぶこと
3. 長期にわたる継続的な配当金支払いの実績があること
4. ある銘柄を買い付けるに際しては、支払うべき価格の上限を決めること

そして、こういう。

「比較的人気のない、ゆえに合理的な株価収益率で入手できる大企業群こそが、一般大衆投資家にとって健全な投資分野となる。最初に適切な銘柄選択がなされていれば、何度も頻繁に組み入れ銘柄を変更する必要は生じない」

・フィッシャーの投資の名言

我々にも非常に参考になるフィッシャーの投資にまつわる言葉のいくつかを紹介しよう。私も大いにこれらの教えをもとに、投資を行っている。

1. 投資で利益を得るためには、忍耐力が必要だ。
2. 投資家は決して10%や20%の小さな利益ではなく、何年もかけて10倍近くなるような株価の上昇にこそ興味を持つべきだ。
3. 最も危険に見える安全な道は、投資を続けることだ。
4. 正しく選び抜いて買った株は売り時など存在しない。企業が並外れた成功を収めるための条件を満たしている間は、その株を絶対に売ってはならない。
5. 配当について最も大切なことは、規則性ないし信頼性だ。
6. 分散しないで少数の銘柄に集中投資するよりも、分散投資にこだわるあまり、よくも知らない会社に投資するほうがはるかに危険だ。

フィッシャーは『「超」成長株投資』の中で、経営の質とビジネスの特徴について〝株式を選ぶ際の15のポイント〟を紹介している。これらも、株式投資で大いに参考になる。

フィッシャーが株式を選ぶ際の15のポイント

1. その企業は、少なくともあと5〜6年の間、企業全体の売り上げを大きく伸ばすに十分な市場が見込める製品、またはサービスを有しているか。

—経営者が優秀で、しかも技術革新や研究開発が活発に行われている業種の企業を投資対象に選ばねばならない。

2. その企業の経営者は、現在の人気商品が市場を開拓し尽くそうとする時点で、その後も全体の企業売り上げを伸ばしていけるように、新製品や新製法を開発していこうという決意を持っているか。

—投資家は、従来からの事業分野と関連ある新製品や新製法の開発のために、技術力や研究成果を集中して投入している企業から最大の投資成果を得られる。

3. 研究開発の規模と比較して、どれだけの成果が表れているか。

—「研究開発」と「生産」「販売活動」を巧みに連動させることが重要。

—規模に比べて収益性が高い新製品を次々に開発している企業は、全体としてこれまでと同じやり方で仕事を続けていく限り、今後も高い生産力を維持していく。

4. その企業の営業部門は平均以上の力を持っているか。

—営業活動が、真の投資成果を決定づける要素である。

5. その企業が投資に値するだけの利益率を確保しているか。
6. その企業は利益率を維持し、改善するために何をしているか。
7. その企業は良好な労使関係を築いているか。
8. その企業は管理職の能力を引き出すような環境をつくっているか。
9. その企業は管理職レベルの優秀な人材が豊富にいるか。
10. その企業は、しっかりしたコスト分析と財務管理を行っているか。
11. その企業は、他社との競争を勝ち抜くために企業運営の面で必要な業界特有のスキルを十分に備えているか。
12. その企業は収益に関して長期的な展望を持っているか。
13. 近々その企業は成長のために増資をする必要がないかどうか。その増資に伴う株数の増加によって現在の株主の利益を大きく損なう恐れはないか。
——安いというだけで企業の株を買うのではなく、大きな利益を約束してくれる場合にのみ株を買う。
14. その企業の経営者は、事業が順調なときには投資家に気軽に口を開くのに、困難な状況に陥ったり市場の期待を裏切るような出来事が起こったりすると、貝のように口を閉ざしたりはしないだろうか。
15. その企業の経営者は本当に誠実だろうか。

―経営者の側に株主への強い使命感が欠けているような企業は、ほかのすべての点でどれほど優れていたとしても、決して投資の対象にすべきではない。

そして、フィッシャーはこの書の中で、「賢い投資家になるために5つのやってはいけないこと」を説いている。これも紹介しておこう。

フィッシャーの賢い投資家になるために5つのやってはいけないこと

1. 設立間もない会社の株を買ってはならない。
―経営基盤の確立した企業の中にもすばらしい投資のチャンスは十分ある。設立間もない企業には決して投資をしてはならない。

2. 「店頭銘柄」というだけの理由でよい株を無視してはならない。

3. アニュアルレポートの書き方が気に入ったというだけの理由で株を買ってはならない。
―レポートの向こう側に隠された事実こそが投資家にとって重要だ。

4. 株価収益率（PER）が高いからといって、かなり先の収益の伸びが株価に織り込まれていると決めてかかってはならない。
―5年先の利益を織り込んでいるからといって、高すぎるといいきれるかどうかは誰にもわからない。

—株価が実際に企業の成長を今後どこまで織り込んでいるのかを考える上でPERを誤って解釈している人がいかに多いかわかる。

—今後数年間に予想される事態に特に注意をはらって、徹底的にその会社の内容や性質を理解することだ。

5.

—一見すると高すぎるように思える株の中に、実は最高に安い買い物が含まれている。ちょっとした値段の違いにこだわってはならない。

—本当によい株で、しかも現在の株価がかなり安いと思えるならば、「成り行き注文」で買う。

バフェット年表

1930年8月30日	バフェット、米国ネブラスカ州オマハに生まれる
1939年	地元図書館のファイナンスの本をすべて読む
1941年	株式投資を始める。シティーサービス3株を買い付け
1944年	初めて確定申告
	40エーカーの農地を1200ドルで購入
1945年	25ドルで中古のピンボール器械を購入、台数を増やし、後に退役軍人に1200ドルで売却。 ワシントンポスト配達で月175ドル稼ぐ。
1947年	ペンシルベニア大学ウォートン校入学後中退し、ネブラスカ大学へ編入
1949年	ネブラスカ大学卒業
	コロンビア大学入学、ベンジャミン・グレアムに師事
1951年	コロンビア大学卒業
1951年～1954年	バフェット・フォーク社で、投資セールスマンに従事
1952年	スーザン・トンプソンと結婚
1954年～1956年	グレアム-ニューマン社で、証券アナリストとして従事
1956年	ベンジャミン・グレアム引退
	バフェットパートナーシップ設立
1957年	現在も住む自宅を3万1500ドルで購入
1959年	生涯のパートナーとなるチャーリー・マンガーと出会う
1962年	バークシャー・ハサウェイを7.6ドルで買い始める
1964年	アメリカン・エクスプレスを買い始める
1965年	バークシャー・ハサウェイを平均コスト14.86ドルで実質支配下に置く
	ウォルト・ディズニー株を大量に買う
1967年	保険会社ナショナル・インデムニティを買収
1969年	パートナーシップを解散、パートナーに分配
1970年	株主への手紙を書き始める
1972年	シーズ・キャンディを買収
1973年	ワシントンポスト株を買い始める
1979年	放送会社ABCの株を買い始める
1983年	ネブラスカ・ファーニチャー・マートを買収
1985年	キャピタル・シティーズが35億ドルでABC買収を提案 バークシャーが統合企業キャピタル・シティーズ/ABC株を25%保有

1985年	バークシャー・ハサウェイ再保険を買収
	バークシャーの繊維部門を閉鎖
1987年	投資銀行ソロモン・ブラザーズ株12%を取得、バフェットが取締役に
1988年	コカコーラ株を買い始める
	スタンダード&プアーズよりＡＡＡ格付け付与
1989年	ボーシャイム・ジュエリーを買収
1990年	ソロモン・ブラザーズの国債不正事件表面化
	ウェルズ・ファーゴ株10%取得
1991年	バフェット、ソロモン・ブラザーズの会長に就任
1996年	自動車保険のガイコを完全子会社に
1998年	ゼネラル・リ（再保険会社）を買収
1999年	ミッドアメリカン・エナジー（現バークシャー・エナジー）を買収
2004年7月	妻スーザン口頭がんで死去
2006年5月	イスラエル切削工具のIMCを買収
6月	自分の遺産の85%をビル・ミランダ・ゲイツ財団など5つの財団に寄付することを表明
8月30日	バフェット誕生日にアストリッド・メンクスと再婚
2007年12月	輸送車両、産業設備、電気部品などのマーモン・グループ買収で合意
2008年9月～10月	ゴールドマンサックスとGEの優先株とワラントにそれぞれ50億ドル、30億ドル投資
10月	中国BYDに2億3000万ドル（10%）投資、1年足らずで5倍以上に
2009年11月	鉄道大手バーリントン・ノーザン・サンタ・フェを263億ドルで買収
2011年2月	オバマ前大統領がメダル・オブ・フリーダムを授与
8月	バンク・オブ・アメリカの優先株とワラントに50億ドル投資
11月	IBM株110億ドル取得（発行株数の5.5%）を発表
2012年4月	定期検査でステージ１の前立腺がんと判明
2013年2月	ハインツを３Gキャピタルと共同買収
2015年3月	ハインツがクラフトを400億ドルで買収
8月	航空部品大手のプレシジョン・キャストパーツを323億ドルで買収
2017年2月	アップルの発行済株数の2.5%取得が判明

［略歴］

尾藤峰男（びとう・みねお）

資産運用アドバイザー、びとうファイナンシャルサービス代表取締役。ＣＦＡ協会認定証券アナリスト、日本証券アナリスト協会検定会員、ＣＦＰ認定者、１級ＦＰ技能士。1978年、早稲田大学卒業後、日興証券入社。21年在籍後、2000年7月びとうファイナンシャルサービス株式会社を設立。個人の金融資産や退職金の運用アドバイス、ライフプランニング・サービスを、商品の販売手数料によらないフィー（投資助言料）のみで提供している。バークシャー・ハサウェイの株主として、過去４回本社のあるオマハでの株主総会に参加。新聞、雑誌などのメディアに多数寄稿。著書に『いまこそ始めよう 外国株投資入門』（日本経済新聞出版社）がある。

バフェットの非常識な株主総会

2017年11月11日　　第１刷発行

著　者　尾藤峰男

発行者　唐津 隆

発行所　株式会社ビジネス社

〒162-0805　東京都新宿区矢来町114番地 神楽坂高橋ビル5F
電話　03(5227)1602　FAX　03(5227)1603
http://www.business-sha.co.jp

〈カバーデザイン〉常松靖史（TUNE）〈本文組版〉エムアンドケー
〈印刷・製本〉中央精版印刷株式会社
〈編集担当〉伊藤洋次　〈営業担当〉山口健志

ISBN978-4-8284-1986-2

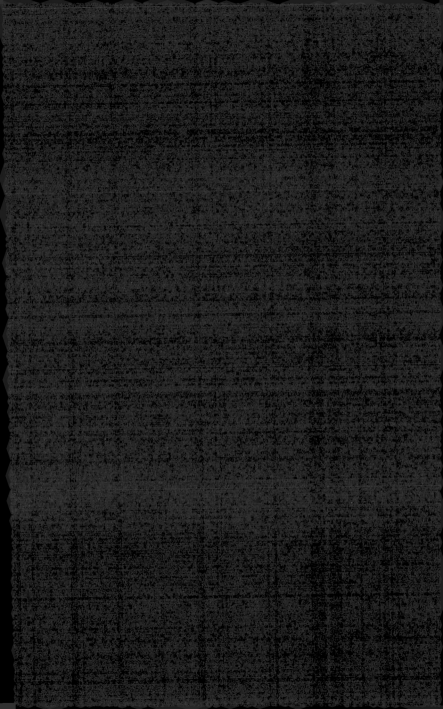